Wintergemüse

Selbst geerntet – selbst gekocht

KAREN MEYER-REBENTISCH

blv

Was Sie in diesem Buch finden

Wintergemüse? Ein Genuss!

Gemüse für den Winter

Anhang

Wintergemüse? Ein Genuss!

Steckrübe und Co. – einst billige Sattmacher in Notzeiten – sind von der feinen Küche entdeckt worden. Saisonales Gemüse aus dem eigenen Garten oder aus regionalem Anbau ist gesund und hilft, Umweltbelastungen durch lange Transportwege oder Treibhauskultur zu vermeiden. Die Vielfalt der Sorten und Zubereitungsweisen macht den Speiseplan abwechslungsreich und interessant. Wintergemüse? Ein Genuss!

Wintergemüse kann so köstlich sein

Selbstversorgung mit eigenem Gartengemüse? Es ist nicht schwer, in der warmen Jahreszeit üppige Ernten zu erzielen und in frischem Gemüse zu schwelgen. Manchmal weiß man gar nicht mehr, wohin mit all dem Salat und den täglich nachwachsenden Zucchini. Aber was ist im Winter? Wer mag schon ständig Tiefgefrorenes essen oder Eingewecktes? Dann doch lieber Tomaten aus Holland und Paprika aus Spanien kaufen?

Das geht auch anders! Mit diesem Buch werde ich Ihnen Gemüsearten vorstellen, die Sie auch noch im Herbst und Winter direkt aus dem Garten holen können oder die ohne Konservierungsmaßnahmen wie Einkochen oder Einfrieren gelagert werden.

Es ist wirklich nicht schwer, sich auch im Winter zumindest teilweise selbst zu versorgen. Zugegeben, nicht alles geht überall und immer. Aber bei über 30 hier vorgestellten Gemüsearten dürfte die Auswahl groß genug sein, um auch Ihren Speisezettel im Winter mit eigenen Erzeugnissen abwechslungsreich zu gestalten. Und warum nicht das eine oder andere auf dem Wochenmarkt von Erzeugern aus der Region dazukaufen? Fragen Sie ruhig nach, ob die Möhren tatsächlich aus dem Lager kommen und nicht mit dem Laster aus Italien hierhergebracht wurden.

Denn Saisongemüse – ganz gleich, ob aus dem eigenen Garten oder aus dem regionalen Anbau – ist besonders ökologisch: Es ist weder im beheizten Gewächshaus gewachsen, noch wurde es über weite Strecken transportiert oder mit energieaufwendigen Methoden konserviert. Mit dem Verzehr von saisonalem Gemüse tun Sie also etwas für eine gute Klimabilanz. Mehr noch: Im Gegensatz zur importierten Treibhausware ist Wintergemüse besonders aromatisch, da es den Sommer und Herbst über die Energie der Sonne speichern und in Ruhe wachsen konnte.

Das lange gereifte Gemüse hat genügend Zeit, um wertvolle Inhaltsstoffe anzureichern. Diese sind gerade im Winter von einem hohen Nutzen für uns, um den allgegenwärtigen Viren zu trotzen. So stärken die im Kohl reich vorhandenen Senföle das Immunsystem, außerdem enthalten besonders Grünkohl und Weißkohl viel Vitamin C. Vor allem, wenn ein Teil des Gemüses roh verzehrt wird, brauchen Sie keine Zitrusfrüchte oder Vitamintabletten, um fit durch die kalte Jahreszeit zu kommen. Ebenfalls als immunstimulierend, ja sogar als antibakteriell und antiviral wirkend gelten Gemüse aus der Familie der Lauchgewächse – Porree, Zwiebel und Knoblauch – wegen der ihnen eigenen Schwefelverbindungen. Nicht umsonst bestand die »Powernahrung« der alten Ägypter beim Pyramidenbau größtenteils aus Rettich und Zwiebel. Letztere werden bis heute als Hausmittel mit Kandiszucker angesetzt und gegen Husten verwendet.

Ich bin sicher, dass Gemüse dazu noch mehr enthält als die mit gegenwärtigen Messmethoden analysierbaren Inhaltsstoffe. Eine ähnliche Auffassung prägt die ayurvedische ebenso wie die traditionelle chinesische Medizin- und Ernährungslehre schon lange. Dort geht man davon aus, dass es kühlende und wärmende Nahrungsmittel gibt. Tomaten und Gurken zum Beispiel gelten als erfrischend – das entspricht auch meinem Gefühl, weshalb ich sie im Sommer viel lieber esse als in der kalten Jahreszeit. Möhren, Kürbis, Steckrüben und Co. sollen hingegen wärmend wirken. Horchen Sie mal in sich hinein, ob Sie das auch so empfinden! Denn demnach sind saisonale Gemüse genau das, was uns in der kalten Jahreshälfte guttut.

Trotzdem machen viele Menschen einen großen Bogen um die klassischen Wintergemüse. Diese haben oft noch das Image einer langweiligen Arme-Leute-Kost, die gemeinhin mit zu viel fettem Fleisch und Räucherwurst verzehrt wird. Als Gemüseliebhaberin sah ich mich von diesen Vorurteilen herausgefordert und habe in den letzten Jahren viele unterschiedliche Zubereitungsweisen in der Winterküche ausprobiert – einige davon sind leicht und verspielt, andere sind moderne Abwandlungen bewährter Hausmannskost.

Vielfalt und Abwechslung in der Zubereitung sind es, die Kohl, Kürbis und Konsorten in der Küche und auf dem Teller attraktiv machen. Mittlerweile hat auch die Spitzengastronomie den Charme von Steckrübe und Pastinake entdeckt und serviert das vermeintlich biedere Gemüse in kreativen Kombinationen.

Fettes Fleisch spielt dabei keine Rolle. Das ist nicht mehr zeitgemäß, seitdem nur noch die wenigsten von uns körperlich schwere Arbeit verrichten. Auch der größere Teil der von mir vorgestellten Rezepte ist vegetarisch. Denn täglicher Fleischkonsum ist weder der Gesundheit noch unserem Klima zuträglich, Fleischproduktion trägt erheblich zur Entstehung von CO_2 bei. Die brutalen Methoden der industriellen Massentierhaltung sind ein weiteres Argument für ein »Weniger ist mehr«.

Je leckerer und kreativer Gemüse zubereitet wird, desto weniger wird Fleisch vermisst. Wir essen es nur noch selten, dann aber immer aus artgerechter oder Bio-Haltung. Und das lassen wir uns richtig gut schmecken – an kalten Wintertagen auch mal als Bestandteil deftiger und schwerer Gerichte. Ein absoluter Liebling von uns ist das deftige polnische Eintopfgericht Bigos, das lange gegart wird und einen so richtig von innen durchwärmt. An anderen Tagen sehnen wir uns eher nach etwas Leichtem, das auch schnell gehen muss – das könnte gebratener Radicchio sein oder ein Wirsing-Gemüse mit Pinienkernen und Ricotta.

Lesen Sie in diesem Buch, was mir als nützlich und hilfreich erscheint, um erfolgreich Winter- und Lagergemüse anzubauen, einzulagern und zuzubereiten. Die Winterküche kann auch ohne Konserven und Importe ab-

wechslungsreich und schmackhaft sein. Sie finden hier mehr als 30 Gemüsearten, die in Mitteleuropa auch im Winter Saison haben. Ich stelle Ihnen eine Vielfalt an möglichen Zubereitungsweisen vor, einige davon sind ganz einfach, andere etwas komplizierter, manche taugen als Beilage, andere bilden ein vollständiges Gericht.

Es sind Klassiker darunter wie die überbackene Zwiebelsuppe oder der Waldorfsalat, die sich einfach über alle Zeiten als unkompliziert und lecker bewährt haben. Andere Gerichte, die Sie und ich noch aus Omas Küche kennen, kommen in frechen Variationen daher: Meine Kohlrouladen sind aus Rotkraut und werden mit reichlich Fenchel gewürzt – das sieht ungewohnt aus und schmeckt erfrischend anders.

Wichtig ist mir, dass sich alle Rezepte ohne besondere Vorkenntnisse und ohne großen Zeitaufwand in einer durchschnittlich ausgestatteten Küche nachkochen lassen – und dass sie nach Belieben variiert werden können. Ich möchte Ihnen zeigen, wie unkompliziert, lecker und lustvoll man mit Wintergemüse kochen kann!

Übrigens: Alle Fotos von den Gerichten sind nicht im Studio, sondern in einer – meiner – ganz normalen Küche entstanden. Es war kein Food-Designer am Werk, und es wurden keine Hilfsmittel oder Tricks eingesetzt, sondern Sie sehen auf den Bildern genau das Gericht, das entsteht, wenn Sie die Rezepte nachkochen. Nachdem ich die Aufnahmen gemacht habe, hat meine Familie das Essen, so wie es war, aufgegessen.

Ihnen wünsche ich nun viel Spaß im Garten und beim Kochen. Einen guten Appetit!

Radicchio hält auch etwas Frost aus.

Ein bunter Kartoffelsalat ist ein echter Hingucker für die Silvesterparty.

Selbstversorgung auch im Winter

Wer den Winter über Gemüse aus dem eigenen Garten essen möchte, sollte sich Gedanken machen, wie er es konserviert oder lagert. Einfrieren, einkochen, säuern oder trocknen lässt sich fast jedes Gemüse, dabei verändern sich aber häufig Struktur und Konsistenz, das Gewebe wird wässrig oder zerfällt. Außerdem kosten diese Konservierungsmethoden Zeit und Strom. Für viele Verwendungszwecke ist es dennoch eine gute Sache – wenn Sie sich informieren möchten, finden Sie viele Bücher zum Thema »Haltbarmachen« im Buchhandel.

Hier aber geht es darum, wie Sie Ihr Gemüse frisch halten können, ohne die üblichen Konservierungsmethoden zu verwenden. Manche Gemüsearten können noch bei Minusgraden auf dem Beet stehen bleiben und nach Bedarf geerntet werden. Andere lassen sich gut im Keller, in der Garage, einer Erdmiete oder sogar in der Wohnung lagern.

Die richtige Sortenwahl

Wichtig ist es, auf die richtigen Sorten zu achten. Bei vielen Gemüsearten gibt es schnellwüchsige Sorten für die Sommerernte und spätreifende Sorten für die Herbsternte. Sommergemüse ist meist schnell verderblich und für den baldigen Verzehr gedacht. Lagergemüse wird hingegen in der Regel später ausgesät und auch erst am Ende der Vegetationszeit geerntet. Außerdem gibt es Gemüsesorten, die extra für die Überwinterung auf dem Beet gezüchtet wurden und erst ab dem Spätwinter oder zeitigen Frühjahr geerntet werden können, wenn es sonst kaum frisches heimisches Gemüse gibt. Lesen Sie genau die Informationen der Saatguthersteller auf den Aussaattütchen. In diesem Buch finden Sie bei jeder Gemüseart Hinweise auf lagertaugliche und zur Überwinterung geeignete Sorten.

Anbauplanung

Selbstversorger sind darauf angewiesen, den zur Verfügung stehenden Platz im Garten optimal zu nutzen. Eine Möglichkeit ist es, eine frühe und eine späte Kultur auf einem Beet anzulegen, sodass das Beet doppelten Ertrag bringt. Wenn man das vorhat, muss man die Standzeiten der gewählten Gemüsesorten sehr genau planen. Einige Lagergemüse und Überwinterungssorten eignen sich gut als Folgekultur – z. B. Grünkohl, Palmkohl, Radicchio, Feldsalat, Speiserüben und Winterrettiche. Als Vorkultur kommen Gemüsearten infrage, die im Juli oder August geerntet werden, also Frühkartoffeln, Dicke Bohnen, Salat, Radieschen, Erbsen und Kohlrabi. Allerdings wird es – außer bei schnell wachsenden Kulturen wie z. B. Feldsalat oder Rettich – zeitlich zu eng, um die zweite Kultur in Direktsaat anzulegen. Sie können Jungpflanzen selbst in Töpfchen, auf Topfplatten oder in einem Anzuchtbeet vorziehen oder aber auf dem Wochenmarkt oder beim Gärtner kaufen. Ich finde ein Anzuchtbeet die beste Lösung, da die Pflanzen sich dort schon an das Klima im Garten gewöhnen können und man sie auch nicht ganz so häufig gießen muss wie Topfkulturen. Allerdings sind Jungpflanzen ein Leckerbissen für Schnecken, und so ist es sinnvoll, das Anzuchtbeet mit einem Schneckenzaun aus verzinktem Eisenblech zu umgeben. Eine solche Investition erspart Ihnen über Jahre viel Geld für Schneckenkorn!

Düngung und Pflege

Nur gesundes Gemüse übersteht den Winter heil. So führen z. B. der Befall durch Möhrenfliege, Lauchminiermotte und Weiße Fliege oder Schnecken- und Raupenfraß dazu, dass das Gemüse unappetitlich wird und schnell verdirbt. Hier kann man mit verschiedenen natürlichen und auch chemischen Pflanzenschutzmitteln mehr oder wenig gut vorbeugen. Wer eigenes Gemüse

Ein lockerer Boden verbessert den Ertrag erheblich.

anbaut, möchte aber meist auf die chemische Keule verzichten. Ich habe mich deshalb vorbeugend gegen Schädlinge für den Einsatz von Gemüseschutznetzen entschieden, die noch dazu im Spätherbst für ein etwas wärmeres Mikroklima sorgen. Die Erstanschaffung ist nicht gerade billig, aber anders als Vlies und Folien halten Gemüseschutznetze jahrelang.

Schwieriger ist es mit bakteriellen und pilzlichen Erkrankungen. Einige von ihnen können ebenfalls mit Pflanzenschutzmitteln bekämpft werden, bei anderen gibt es keine für den Hausgarten zugelassenen Präparate. Hier ist Vorbeugung also besonders wichtig: Bereits bei der Sortenwahl können Sie sich für Züchtungen entscheiden, die unempfindlich gegen bestimmte Erkrankungen wie Mehltau oder Kohlhernie sind. Achten Sie außerdem auf einen ausreichenden Pflanzabstand, gute Durchlüftung ist wichtig.

Die richtige Düngung hat ebenfalls einen großen Einfluss auf die Gesundheit des Gemüses. So steigt mit der Verwendung von frischem Mist bei Wurzelgemüse die Gefahr des Schädlingsbefalls – Kohl hingegen verträgt das gut. Bei den hier vorgestellten Gemüsearten finden Sie entsprechende Hinweise. Letztlich ist es für das Gemüse nicht so wichtig, ob mineralisch oder organisch gedüngt wird – dies hat vielmehr einen großen Einfluss auf das Bodenleben, das bei rein mineralischer Düngung verkümmert. Viele Selbstversorger lehnen die mineralische Düngung ab, weil sie ein natürlich gewachsenes Produkt ernten möchten. Für das Gemüse ist die richtige Dosierung eines Düngers entscheidender. »Viel hilft viel« ist falsch. Denn überdüngte Pflanzen werden mastig und krankheitsanfällig. Vor allem eine Überdüngung mit Stickstoff führt dazu, dass die Lagerfähigkeit des Gemüses herabgesetzt wird und dass der Gehalt an gesundheitsschädlichem Nitrat steigt. Übrigens: Zu stickstofflastig gedüngtes Kohlgemüse stinkt in der Küche beim Kochen! Wenn die Temperaturen wieder sinken, je nach Region Ende August oder Anfang September, sollten Sie das letzte Mal gedüngt haben.

Ernten

Die Art und Weise des Erntens erhöht die Lagerfähigkeit des Gemüses und seinen gesundheitlichen Wert. Ideal ist es, am späten Nachmittag eines sonnigen Tages zu ernten, dann ist der Nitratgehalt des Gemüses niedrig, Aromen und Vitamine sind im vollen Maße erhalten. Das gilt sowohl für Gemüse zum Sofortverzehr wie für die Einlagerung.

Was eingelagert werden soll, muss besonders sorgfältig geerntet werden – es darf keine Verletzungen geben. Bei Wurzelgemüse, Rüben und Lauch sollten Sie den Boden mit einer Grabegabel lockern, bevor Sie das Gemüse herausziehen. Das Gemüse wird von lose anhaftender Erde und Verschmutzungen befreit – z.B. mit einer weichen Bürste. Achten Sie auch darauf, kleine Tierchen zu entfernen. Sie dürfen das Gemüse aber vor dem Einlagern nicht waschen, weil Sie die natürliche Schutzschicht von Blättern, Wurzeln und Knollen zerstören. Lagergemüse muss trocken sein und der Temperatur am Lagerort angepasst werden, bevor man es endgültig einbringt. Keinesfalls darf man z.B. sonnenwarme Kartoffeln in den Keller schaffen.

Inspizieren Sie das Gemüse auf Krankheitszeichen, Druckstellen und Verletzungen und sortieren Sie alles aus, was nicht astrein erscheint. Dieses Gemüse können Sie sofort verwerten oder einfrieren. So halten Sie das Risiko von Lagerkrankheiten klein.

Drehen oder schneiden Sie bei Möhren, Pastinaken, Rettich, Speiserüben und Sellerie das Laub vollständig ab. Bei Roter Bete sollte man es nur abdrehen und das Herz stehen lassen. Kopfkohl wird mit Wurzelstrunk und allen gesunden Umblättern gelagert.

Kürbis gedeiht gut auf einem schwarzen Mulchvlies.

Im Winter gibt es nur wenig Arbeit im Garten –
die Grünkohlernte gehört dazu und macht Freude!

Lagermethoden

Überwintern im Garten

Auf dem Beet

In milden Klimaregionen können sehr viele Gemüsearten auf dem Beet stehen bleiben und werden nach
Bedarf geerntet. Manch ein Gemüse verträgt auch tiefe
winterliche Temperaturen, kann aber nur an frostfreien
Tagen geerntet werden. Gefährlich sind lange Frostperioden ohne Schnee, da sie die Pflanzen austrocknen bzw.
verbräunen können. Sie sollten Ihre Zöglinge dann mit
Vlies oder kurzfristig auch mit einer Decke schützen.
Wenn es milder wird, müssen lichtundurchlässige Ab-
deckungen wieder entfernt werden, denn auch bei niedrigen Temperaturen wachsen die Pflanzen und betrei-
ben Photosynthese.

Schwierig ist die Ernte, wenn der Boden durchgefroren
ist. Hier kann es helfen, das Beet mit einem Folientunnel
zu überbauen – die Bodentemperatur steigt darunter ein
wenig an. Ist es aber rundum richtig kalt, reicht das nicht
aus, und Sie müssen warten, bis es wieder wärmer wird.
Bei Wurzelgemüse bewährt es sich, immer einen kleinen Vorrat im Keller oder in der Garage zu haben, damit
Sie nicht quasi am gedeckten Tisch hungern müssen.
Sind die Blätter vom Grünkohl oder Feldsalat durchgefroren, so werden sie beim Auftauen glasig. Auch hier kann
eine Folie abhelfen. Oder man erntet nach einem sonnigen Tag. Wenn Sie viele Wühlmäuse im Garten haben,
werden diese vor allem das Wurzelgemüse mit Ihnen
teilen wollen. Dagegen hilft eigentlich nur, es vorzeitig
auszugraben und anderweitig zu lagern.

Im ungeheizten Gewächshaus

Das ungeheizte Gewächshaus oder auch Frühbeet be-
hagt verschiedenen Blattgemüsen und Salaten. Dazu
gehören Feldsalat, Winterportulak, Spinat und auch Radicchio. Kurze sehr starke Frostperioden können Sie mil-
dern, indem Sie das Glashaus mit Noppenfolie isolieren

und innen Kerzen aufstellen – Grabkerzen tun hier gute Dienste, und bestimmt sind Freunde und Verwandte auch gerne bereit, nicht mehr benötigte Kerzenstummel an Sie weiter zu verschenken. Der Vorteil des Anbaus im Gewächshaus ist es, dass Sie jederzeit ernten können. Allerdings ist es im Glashaus dunkler als draußen, insbesondere wenn Schnee auf dem Dach liegt – zu wenig Licht lässt den Nitratgehalt in den Pflanzen steigen.

Mit Vlies- und Folientunnel

Für viele Gemüse sind weniger die kalten Temperaturen das Problem als die Auszehrung durch den Wechsel zwischen kalt und warm, Sonne und Wind. Deshalb übersteht manch ein Gemüse den Winter gut unter einer schützenden Schneedecke. Mit einem Vlies- oder Folientunnel können Sie den Erntezeitpunkt ein gutes Stück hinauszögern, denn auf die ersten leichten Fröste im Herbst folgen häufig noch viele schöne Tage. In schneearmen Gebieten kann man so die Pflanzen dauerhaft im Winter schützen. Einer größeren Schneelast halten die Tunnel aber nicht stand.

Die Ernte draußen lagern

Erdmiete

Viele Gemüsearten können nach der Ernte für einige Wochen oder Monate eingelagert werden. Ideal sind eine Umgebungstemperatur von etwa 5 °C und eine hohe Luftfeuchtigkeit, damit das Gemüse nicht schlapp wird. Temperaturschwankungen sind ungünstig. Ideal für das Lagern unter solchen Bedingungen sind Erdmieten. Es ist allerdings mit einem gewissen Aufwand verbunden, eine solche anzulegen, und es ist ebenfalls mühsam, ans Gemüse zu gelangen, wenn man es braucht. Deshalb eignen sich Erdmieten nur für die Lagerung großer Mengen. Unsere Vorfahren haben auf diese Weise ihr Gemüse über den Winter gebracht.

In der Erdmiete herrscht die ideale Luftfeuchtigkeit, sodass Ihr Gemüse bei kühlen Temperaturen lange frisch bleibt.

Für eine Erdmiete schachtet man an einer schattigen Stelle möglichst in der Nähe des Hauses eine 40 cm tiefe Grube aus. Auf den Boden bringt man eine 10 cm dicke Kiesschicht als Drainage aus. Darüber kommt ein Hasendraht, der an den Rändern hochgezogen wird, als Schutz vor Wühlmäusen. In diese Grube kann nun das Lagergemüse gelegt werden – auch Äpfel können auf diese Weise frisch gehalten werden, aber nie in derselben Miete wie Gemüse, da Äpfel Reifegase verströmen, die die Haltbarkeit des Gemüses verringern. Das Gemüse wird mit einer dicken Schicht Stroh abgedeckt – einige Strohbüschel sollten an der Seite so gelegt werden, dass sie einen Kontakt nach draußen herstellen, über den ein minimaler Luftaustausch stattfindet. Dann werden Bretter über das Stroh gelegt, und der Erdaushub kommt oben wieder drauf. Es ist sinnvoll, sich einen

Plan zu machen, wo was liegt, damit man nicht zu viel suchen muss, wenn man die Miete öffnet. Letzteres sollte man nicht bei stärkerem Frost machen, damit keine Kälte eindringen kann.

Erdkammer und Waschmaschinentrommel
Etwas weniger perfekt, aber einfacher in der Handhabung sind vergrabene Waschmaschinentrommeln von Topladern – die bekommt man auf dem Schrottplatz. Der Behälter ist wühlmaussicher und leicht zu öffnen. Graben Sie die Trommel so tief ein, dass die Öffnung etwa 5 bis 10 cm unter der Erdoberfläche liegt. Wählen Sie einen leicht zugänglichen Ort und achten Sie darauf, dass nicht ausgerechnet dorthin Regenwasser abfließt. Das auf Schadstellen geprüfte und grob von der Erde befreite Gemüse wird einfach in die Trommel gelegt. Den nach oben hin freien Platz füllen Sie mit einen Sack Styroporkörnern oder einem anderen Isoliermaterial, das bei Feuchtigkeit nicht zu schimmeln beginnt. Über den Trommeldeckel wird schließlich ein dickes Holzbrett gedeckt. Die gleichmäßige Temperatur und Feuchtigkeit der Erde bietet gute Lagerbedingungen. Wo allerdings der Boden regelmäßig tiefer als 10 cm durchfriert, kann es Probleme geben.

Ähnlich wie die vergrabene Waschmaschinentrommel funktioniert auch eine selbst angelegte Erdkammer. Man hebt dafür eine tiefe Grube aus und verkleidet die Wände mit einem Drahtgeflecht gegen Mäusebefall. Es ist auch möglich, Betonringe oder alte Fässer zu vergraben. Wichtig ist es, die Kammer mit einem Deckel abzuschließen, der groß genug ist, um das Eindringen von Wasser zu verhindern. Wenn ein luftdichter Behälter eingegraben wird, muss ein dünnes Rohr nach draußen führen, das für einen minimalen Luftaustausch sorgt. Dieses sollte oben umgebogen sein, damit es nicht hineinregnet. Überdachte Freiflächen wie ein Carport eignen sich sehr gut, um dort eine Erdkammer anzulegen oder eine bzw. mehrere Waschmaschinentrommeln zu vergraben, denn dort gibt es keine Probleme mit Regen oder Schnee.

Feldsalat verträgt auch Minusgrade auf dem Beet.

Keller-Lichtschacht

Ähnlich wie in der versenkten Waschmaschinentrommel funktioniert die Lagerung in einem Lichtschacht. Durch das angrenzende Kellerfenster fallen die Temperaturen nicht ganz so tief – ein Vorteil in kalten Regionen. Wichtig ist auch hier die Isolation nach oben – im Herbst gegen die Wärme, im Winter gegen den Frost. Wir bewahren unsere Äpfel jeweils zu sechst in einen Folienbeutel gepackt im Kellerschacht auf – auf diese Weise werden sie lange nicht schrumpelig. Mit Gemüse geht das genauso gut. Bei der regelmäßigen Entnahme wird zugleich gelüftet.

Frühbeet

Wer ein Frühbeet hat, kann dieses ebenfalls zur Lagerung von Erntegut verwenden. Auf dem Boden muss ein Hasendraht zum Schutz vor Wühlmäusen ausgelegt werden. Wurzelgemüse, Lauch und Kohl werden locker eingeschichtet und mit leicht feuchtem Sand bedeckt. Zum Schluss wird das Fenster geschlossen. Je nach dem, mit wie viel Frost zu rechnen ist, wird das Frühbeet rundum mit Stroh oder Noppenfolie isoliert. An warmen Tagen muss man die Isolierung entfernen und das Fenster zum Lüften aufstellen.

Drinnen lagern

Keller, Garage und Schuppen

Der Traum eines jeden Selbstversorgers ist ein richtiger Erdkeller. Dieser bietet konstante Temperaturen von etwa 5 bis 10 °C über das ganze Jahr und eine ideale Luftfeuchtigkeit von etwa 90 Prozent. Mittlerweile bieten spezialisierte Firmen den Einbau eines solchen Kellers aus Fertigteilen an, leider ist das nicht billig, einen mittleren vierstelligen Betrag muss man dafür einkalkulieren.

Die Keller in modernen Wohnhäusern sind heute oft nicht mehr für die Einlagerung von Gemüse geeignet, da sie zu warm und zu trocken sind. Altbauten hingegen bieten oft ganz annehmbare Bedingungen für Gemüse und Kartoffeln. Manchmal kann man nachhelfen, indem

Oben: In der Waschmaschinentrommel ist das Gemüse sicher vor Wühlmäusen. *Mitte:* Ein abgedeckter Kellerlichtschacht dient hier als Lagerplatz. *Unten:* Äpfel halten in Gefrierbeuteln am besten frisch.

man den Verlauf von Versorgungsleitungen ändert und die Kellerdecke dämmt. So bleibt es im Keller kühl und in der darüber liegenden Wohnung wärmer.

Wo kein kalter Keller zur Verfügung steht, kann eine Garage oder ein Schuppen als Ersatz dienen. Allerdings sind dort die Temperaturschwankungen oft höher, und man muss darauf achten, dass die Temperatur nicht unter null fällt. Ein Frostwächter tut hier gute Dienste. Auch in diesen Lagerräumen muss man das Gemüse

Vor dem Frost sollte man ernten:

Äpfel	Knoblauch
Chicorée	Kürbis
Kartoffeln	Zwiebel

Temperaturen um den Gefrierpunkt vertragen:

Cardy	Rotkohl
Chinakohl	Weißkohl
Endivie	

Kurzfristig Temperaturen bis etwa –5 °C vertragen:

Kopfkohl	Rote Bete
Kohlrabi	Sellerie
Möhre	Speiserübe
Palmkohl	Steckrübe
Radicchio	Wirsing
Rettich	

Vertragen länger Temperaturen unter –5 °C bis etwa –12 °C (kurzfristig und abgedeckt sogar tiefere Temperaturen):

Barbarakresse	Porree
Feldsalat	Rosenkohl
Grünkohl	Schwarzwurzel
Haferwurzel	Spinat
Knollenziest	Topinambur
Pastinake	

Auf dem Beet überwintern und im zeitigen Frühjahr zu ernten sind:

Überwinterungswirsing	Spinat
Bärlauch	Sprouting Broccoli
Feldsalat	Winterblumenkohl

vor dem Austrocknen schützen – am besten, indem das Erntegut in leicht feuchten Sand eingeschlagen wird. Das heißt, man nimmt eine mit Sand gefüllte Wanne oder Kiste und »pflanzt« das Gemüse dort hinein. Dabei ist es anders als im Garten kein Problem, wenn sich die Pflanzen berühren, sie können dicht bei dicht stehen.

Bei Wurzel- und Knollengemüse dreht oder schneidet man das Grün ab. Bei Kohl oder Salaten werden nur die Wurzeln im Sand versenkt, der Kopf bleibt draußen, es werden nur vergilbte oder kranke Blätter entfernt. Der Sand darf nicht austrocknen, aber auch nicht richtig nass sein. Leicht feucht, sodass er nicht klebt, aber auch nicht rieselt, ist es am besten. Die Gemüsekisten sollten vor allem dann, wenn sie im Hellen stehen, noch lichtdicht abgedeckt werden, damit sich die Pflanzen nicht zum Austreiben animiert fühlen. Ab und zu die Decke abnehmen und lüften! Und kontrollieren Sie regelmäßig, ob der Sand befeuchtet werden muss. Treibt eingeschlagenes Wurzelgemüse ein wenig aus, können Sie die zarten Blätter in den Salat geben.

Kopfkohl kann im Keller oder in der Garage mitsamt Strunk und dem gesäuberten Hauptwurzelwerk kopfüber aufgehängt werden, etwas kürzer hält er, wenn man nur die Köpfe ins Regal legt. Auf diese Weise kann man auch die Kohlrabisorte 'Superschmelz' lagern. Kartoffeln füllt man am besten in eine Kartoffelhorde – diese ist so konstruiert, dass neue Kartoffeln von oben nachrutschen, wenn man unten welche entnimmt.

In der Wohnung

Manche Gemüse brauchen einen trockenen Platz – wie Zwiebeln und Knoblauch. Sind Keller oder Garage feucht, ist es besser, einen kühlen Ort in der Wohnung oder auf dem Dachboden zu suchen. Am besten bekommt es dem Zwiebelgemüse, wenn es luftig hängt. Kürbis beginnt viel schneller zu gammeln, wenn es feucht und kalt ist. Ideal ist ein trockener Raum mit etwa 10 bis 15 °C. Vielleicht können die Kürbisse ja sogar als hübsche Dekoration im Treppenhaus dienen?

Nicht jedes Gemüse stellt dieselben Anforderungen an einen idealen Lagerplatz für den Winter.

Gemüse für den Winter

Man braucht keine Paprika aus Spanien oder Tiefkühlware, um im Winter abwechslungsreiche und leckere Gemüsegerichte zu genießen. Die Autorin stellt in den folgenden Porträts Gemüsearten vor, die sich besonders für den Winteranbau oder die Lagerung im Haushalt bewährt haben. Dazu verrät sie ihre besten Rezepte sowohl für die Alltagsküche wie auch für besondere Anlässe.

Apfel

Äpfel *(Malus domestica)* sind für die Winterküche einfach genial. Sie sind zwar kein Gemüse, aber trotzdem unverzichtbar und werden deshalb hier vorgestellt.

Anbauen

Ich finde, ein Apfelbaum gehört in jeden Garten – bei genügend Platz dürfen es auch mehrere sein. Für einen kleinen Hausgarten eignen sich eher Bäume auf schwächer wachsenden Unterlagen. Die jeweilige Bodenbeschaffenheit sollte bei der Auswahl berücksichtigt werden. Geraten Sie nicht in Versuchung, irgendeinen Apfelbaum billig im Baumarkt zu kaufen! Bei der langen Standzeit des Baumes lohnt es sich unbedingt, ein paar Euro mehr auszugeben und sich in einer Baumschule beraten zu lassen.

Sorten

Es gibt Hunderte von Apfelsorten. Sie unterscheiden sich nicht nur nach Aussehen und Geschmack, sondern auch nach Lagerfähigkeit und der Eignung für das regionale Klima. Lassen Sie sich vor Ort beraten, was gut für Sie passt. Wenn Sie genügend Platz für mehrere Bäumchen haben, ist es sinnvoll, Sorten mit unterschiedlicher Reife- und Erntezeit zu wählen. Wenn es nur ein Baum sein soll, können Sie nach einer Mehrfachveredelung fragen, das bedeutet, dass der eine Baum mehrere Sorten trägt.

Ernten

Ernten Sie Ihre Äpfel so, dass der Stiel an der Frucht bleibt. Der richtige Zeitpunkt ist dann, wenn sich der Stiel nur durch ein Kippen ganz leicht vom Ast löst. Pflückreife und Genussreife stimmen nicht immer überein. Lagersorten wie 'Boskoop', 'Kaiser Wilhelm' oder 'Ontario' erreichen die Genussreife erst, wenn sie länger aufbewahrt werden. Versuchen Sie, den optimalen Zeitpunkt herauszufinden, dieser ist in jeder Lage und im jedem Jahr leicht unterschiedlich.

Lagern

Nur Äpfel ohne Fraßstellen, Verletzungen oder Wurmbefall können eingelagert werden. Die anderen sollten kurzfristig verbraucht, zu Saft oder Mus verarbeitet oder getrocknet werden. Bewahren Sie Äpfel nie zusammen mit Gemüse auf, denn die Früchte verströmen ein Reifegas, das die Lagerungsfähigkeit des Gemüses herabsetzt. Äpfel können in Stiegen aufbewahrt werden, dabei soll der Stiel nach oben zeigen und alles mit einer Lage Zeitungspapier abgedeckt werden. Ein kühler Keller oder die Garage sind ein geeigneter Ort. Manche Kleingärtner lagern ihre Äpfel unter einem dicken Federbett in der Laube – so kommen Temperaturschwankungen nur sehr allmählich an die Früchte, und auch leichte Minusgrade werden vertragen. Bleibt es länger frostig, verderben die Äpfel.

Eine andere Methode, die wir seit Jahren praktizieren, geht so: Wir lassen die Äpfel über Nacht draußen abkühlen, dann packen wir jeweils sechs Stück in einen Gefrierbeutel, den wir locker verschließen. Bitte nie ganz luftdicht einpacken, dann vergären die Früchte. Die Beutel legen wir in einen Kellerlichtschacht und decken sie oben mit einem Sack voll Styroporflocken ab. Die Temperaturen im Lichtschacht sind relativ konstant, man muss allerdings bei starker Kälte aufpassen, dass nicht von oben Frost eintritt. Die Folien-Äpfel verlieren kaum Feuchtigkeit und bleiben prall und saftig.

Kochen mit Äpfeln

Apfelmus, Apfelpfannkuchen, Bratapfel, Apfelstrudel, Apfelkuchen – süße Speisen mit Apfel kennt jeder. Äpfel machen sich aber auch sehr gut in Rohkostsalaten und passen prima zu den oftmals eher bitteren Winterblattgemüsen wie Radicchio oder Chicorée. Probieren Sie doch einmal Apfelstückchen im Grünkohl! Zum klassischen Rotkohl gehört sowieso geriebener Apfel. Wir essen gerne gebratene Zwiebeln zusammen mit gebratenen Äpfeln zu Kartoffelpüree und Steckrüben, zu Bratwurst oder Frikadellen.

Apfel-Flammkuchen

Zutaten

    200 g Mehl
    3 EL Rapsöl
    100 g Quark
    ½ TL Salz
    1 Becher Crème fraîche
    5–6 mürbe Äpfel
    2 EL Zucker
    ½ TL Zimt

Zubereitung

■ Aus dem Mehl, Öl und Quark mit etwas Salz einen Teig kneten – ein bisschen Wasser dazugeben, damit er geschmeidig wird. Den Teig auf einem mit Backpapier belegten Blech flach ausrollen und mit der Crème fraîche bestreichen.

■ Die Äpfel entkernen und in Scheiben schneiden, auf dem Teig verteilen. Den Zucker mit dem Zimt mischen und über die Äpfel geben.

■ Auf mittlerer Stufe 20 bis 30 Minuten bei 180 °C backen – der Boden muss ganz leicht bräunen.

Dieser Flammkuchen ist schnell gemacht. Man kann damit gut Äpfel verwerten, die bereits schon etwas länger lagern und mürbe geworden sind.

Bärlauch

Bärlauch *(Allium ursinum)* gehört zum ersten »Grünzeug«, das man im zeitigen Frühjahr ernten kann. Er gilt als sehr gesund und schmeckt lecker nach Knoblauch, ohne unangenehme Ausdünstungen zu verursachen.

Anbauen

Bärlauch ist eine Wildpflanze, die im lichten Schatten wächst. Der ideale Platz im Garten ist leicht feucht. Unter Laubbäumen oder am Fuß von sommergrünen Sträuchern fühlt die Zwiebelpflanze sich wohl.

Am einfachsten vermehren Sie Bärlauch, indem Sie die Zwiebeln im Herbst in kleinen Horsten etwa 5 cm tief stecken. Sie können ihn auch aussäen. Wenn sich der Bärlauch erst einmal in Ihrem Garten etabliert hat und sich wohlfühlt, breitet er sich möglicherweise mehr aus, als Ihnen lieb ist. Dann sollten Sie die Blüten aus-

brechen, bevor er sich aussamen kann. Man kann auch die Zwiebeln ausgraben und aufessen.

Sorten

Es gibt keine Kultursorten.

Ernten

Je nach Witterung treibt Bärlauch ab Februar aus. Sobald eine Pflanze mindestens vier Blätter hat, können Sie die äußeren beiden ernten, den Rest aber unbedingt stehen lassen. Es treiben weitere Blätter nach. Wenn die Pflanze im April oder Mai zu blühen beginnt, ist die Erntezeit vorbei. Passen Sie bei der Ernte auf, dass Sie den Bärlauch nicht mit den giftigen Blättern der Maiglöckchen verwechseln, die ähnlich aussehen, aber nicht nach Knoblauch riechen.

Lagern

Bärlauch schmeckt am besten frisch geerntet. In feuchtes Küchenpapier gewickelt, hält er im Kühlschrank wenige Tage frisch.

Kochen mit Bärlauch

Dass Bärlauch nach Knoblauch schmeckt, aber viel weniger Ausdünstungen verursacht, trägt sicher zu seiner Beliebtheit bei. Wenn anderes frisches Grün noch rar ist, erfreut er uns auf dem Butterbrot ebenso wie im Quark, fein geschnitten über Suppe oder Kartoffeln gestreut oder gehackt zusammen mit Parmesan und Olivenöl zu Pasta gereicht. Frischkäse können Sie mit fein geschnittenem Bärlauch aufpeppen. Er lässt sich auch gut zu Pesto verarbeiten. Wird er gekocht, verliert er sein Aroma.

Lachspfannkuchen mit Bärlauch

Zutaten
4 Eier
100 g Mehl
¼ l Milch
Margarine oder Rapsöl
200 g Räucherlachs
1 Packung Crème fraîche
2 Handvoll Bärlauch
Pfeffer
Salz

Zubereitung

■ Die Eier mit dem Mehl, der Milch und etwa einem halben Teelöffel Salz zu einem klumpenfreien Teig verrühren und eine Viertelstunde stehen lassen. Dann in Margarine oder Rapsöl dünne Pfannkuchen aus dem Teig backen und abkühlen lassen.

■ In der Zwischenzeit den Lachs zerpflücken und die Crème fraîche mit Pfeffer und Salz abschmecken. Wenn die Pfannkuchen abgekühlt sind, werden sie damit bestrichen. Die Lachsstückchen und die Bärlauchblätter darauflegen und alles zu einer Rolle wickeln. Diese wird in Frischhaltefolie eingeschlagen und kommt für etwa zwei Stunden ins Tiefkühlfach. Danach ist sie angefroren und lässt sich nach Entfernen der Folie leicht in schmalen Streifen schneiden und anrichten. Achtung, noch länger durchgefrorene Pfannkuchen werden bretthart und können nicht mehr geschnitten werden!

Lässt sich gut vorbereiten! Macht auch optisch was her.

Barbarakresse

Diese Pflanze ist zu Unrecht wenig bekannt. Denn mit der Barbarakresse (*Barbarea vulgaris* subsp. *vulgaris*) kann man den ganzen Winter über frisches Grün aus dem Garten holen und verschiedene Speisen verfeinern.

Anbauen

Die Ansprüche der Barbarakresse sind gering. Sie wird im August, spätestens Anfang September als Nachkultur ausgesät. Der Abstand zwischen den Reihen beträgt mindestens 15 cm, in den Reihen sollte man die Pflanzen bei Gelegenheit auf einen Abstand von etwa 5 cm vereinzeln. Die ausgezogenen Jungpflanzen kann man bereits im Salat verwenden. In Trockenperioden muss man die Kresse ein wenig wässern, und Sie sollten darauf achten, dass sie im Jungpflanzenstadium keine Konkurrenz von anderen Wildkräutern bekommt. Ansonsten ist sie pflegeleicht und auch nicht anfällig für Krankheiten oder Schädlinge. Bei längerem Kahlfrost decken Sie die Pflanzen mit einem doppelten Vlies ab. Vergessen Sie nicht, es zu entfernen, sobald es das Wetter zulässt, damit die Blätter nicht vergilben.

Sorten

Es gibt keine verschiedenen Kultursorten. Saatgut ist über spezielle Versender im Internet erhältlich.

Ernten

Die Barbarakresse kann ab Oktober geerntet werden. Schneiden Sie ein paar der äußeren Blätter ab und lassen Sie den Rest stehen, so wachsen immer wieder

frische Blätter von innen nach. Sie können jederzeit ernten, solange die Blätter nicht hartgefroren sind. Die Barbarakresse blüht je nach Wetter ab Ende März bis April, dann schmecken die nicht mehr. Die Pflanze samt sich selbst stark aus.

Lagern

Barbarakresse hält zwei, drei Tage in der Vase oder feucht umwickelt im Kühlschrank.

Kochen mit Barbarakresse

Die vitaminreiche Barbarakresse schmeckt senfartig und scharf. Sie lässt sich sehr schön zur Dekoration verwenden, da sie eine hübsche Blattform hat. Kleingeschnitten macht sie sich gut über Salate gestreut – besonders lecker zu Kartoffelsalat mit Mayonnaise. Sie schmeckt auch gut auf belegten Broten oder einfach nur auf einem Butterbrot.

Kressesüppchen

Zutaten

1 Zwiebel
1 EL Butter
1 l Brühe
2 Kartoffeln
200 g Barbarakresse
200 g Crème fraîche
Pfeffer, Muskat, Salz

Zubereitung

■ Die Zwiebel schälen und fein hacken, in der heißen Butter glasig braten. Mit der Gemüsebrühe ablöschen, die geschälten und klein geschnittenen Kartoffeln dazugeben und etwa 20 Minuten weich kochen.
■ In der Zwischenzeit die Barbarakresse sehr fein hacken. Die Crème fraîche zu der Suppe geben und diese pürieren, mit Pfeffer, Muskat und Salz abschmecken und zum Schluss die gehackte Kresse unterrühren.

Blumenkohl

Für die Winterküche eignen sich sowohl der spät im Herbst geerntete wie der überwinterte Blumenkohl (*Brassica oleracea* subsp. *oleracea* convar. *botrytis*), der je nach Klima schon ab März, in der Regel ab April Röschen bildet.

Anbau im Garten

Blumenkohl ist ein anspruchsvolles Gemüse, das guten, humosen Boden in warmer, vollsonniger Lage bevorzugt. Für die Ernte im Herbst sollte der Blumenkohl im Juni ausgepflanzt werden, Jungpflanzen können ab März im geheizten Gewächshaus vorgezogen oder – einfacher – auf dem Wochenmarkt oder vom Gärtner erworben werden. Blumenkohl für die Ernte im Frühjahr wird im Juni vorgezogen und im August an den endgültigen Standort versetzt; er eignet sich damit gut als Nachkultur zu Kartoffeln, Dicken Bohnen oder auch Erbsen.

Setzen Sie die Jungpflanzen für die Herbsternte auf einen Abstand von 50 cm in und 60 cm zwischen den Reihen, der Winterblumenkohl bleibt etwas kleiner und kann daher etwas enger gesetzt werden. Blumenkohl ist ein Starkzehrer und bevorzugt neutralen Boden, der gekalkt worden ist. Er verträgt auch frischen Stallmist oder Kompost und schätzt es, wenn Sie im Wachstumsverlauf zwei- oder dreimal nachdüngen. Vier Wochen vor der erwarteten Ernte sollten Sie damit aufhören, damit die Pflanzen nicht zu viel Nitrat anreichern. Während des Winters wird gar nicht gedüngt. Achten Sie darauf, dass der Boden gleichmäßig feucht ist, und lockern Sie ihn durch wiederholtes Hacken.

Sorten

Für den Anbau zu unterschiedlichen Jahreszeiten sollte man unbedingt besonders geeignete Sorten wählen.

'Drakar' F$_1$ ist für die Ernte im Spätherbst und im Winter geeignet, ausgesät wird im April oder Mai, ausgepflanzt im Juni.

'Shannon' ist hellgrün, ein Romanesco-Typ, fester und kräftiger im Geschmack. Besonders geeignet für die Herbsternte. Gesät wird im Juni.

'Walcheren Winter' wird zweijährig kultiviert. Man sät im Frühsommer aus und verpflanzt im August mit einem Abstand von 60 × 60 cm an den endgültigen Standort. Die Blume kann im Folgejahr ab April beerntet werden.

Ernten

Im Sommer und im frühen Herbst reift Blumenkohl sehr schnell, und es muss dann meistens innerhalb von nur zwei Wochen alles geerntet werden. Im späteren Herbst entwickeln sich die Blumen langsamer und können eher nach Bedarf geschnitten werden. Man erntet die geschlossenen Blütenstände. Aber Achtung, sobald sich diese gebildet haben, müssen Sie sie regelmäßig kontrollieren. Wenn die Blumen beginnen sich aufzulockern, ist die Reife überschritten.

Der Überwinterungsblumenkohl ist je nach Härte des Winters zwischen März und spätestens Mai erntefähig. Meist reift er ungleichmäßig, sodass man einen längeren Erntezeitraum nutzen kann.

Lagern

Blumenkohl lässt sich nicht über längere Zeit einlagern. Im Gemüsefach des Kühlschrankes hält er einige Tage frisch, das gilt auch für eine eingegrabene Waschmaschinentrommel oder einen sehr kühlen Keller. Eine Alternative ist das Einfrieren der blanchierten Röschen.

Kochen mit Blumenkohl

In den Blütenknospen halten sich manchmal kleine Insekten versteckt. Sie lassen sich am besten beseitigen, wenn man den Kohl für ein paar Minuten in Wasser mit einem Schuss Essig taucht, dann schwimmen sie oben. Üblicherweise kocht man Blumenkohl als ganzen Kopf in Salzwasser. Schneller geht es, wenn man ihn in die einzelnen Röschen zerlegt. Darf er »al dente« bleiben, kann man ihn auch gut in der Pfanne in etwas Pflanzenöl garen, dann bräunt er etwas.

Als Beilagengemüse passt Blumenkohl zu Fisch und allen Fleischsorten. Er schmeckt aber auch vegetarisch zubereitet lecker: Ein einfacher Auflauf lässt sich aus vorgekochten Kartoffelscheiben, vorgegartem Blumenkohl, Béchamelsoße und etwas geriebenem Käse zubereiten. In der asiatischen Küche wird Blumenkohl in kleine Röschen geschnitten und im Wok zusammen mit anderem Gemüse sehr kurz gegart, sodass er bissfest bleibt. Man kann die Röschen auch als Rohkost verzehren. Sauer eingelegt wie Gurken, macht sich Blumenkohl gut als Beilage zu kalten Platten oder zur Brotzeit.

Blumenkohl-Kartoffel-Gratin

Zutaten

1 kleiner Kopf Blumenkohl
500 g mehligkochende Kartoffeln
Butter
3 EL Mehl
150 ml Milch
1 EL mittelscharfer Senf
150 g gekochter Schinken
150 g Hartkäse (Gouda, Bergkäse, o.Ä.)
Muskat
Pfeffer
Salz

Zubereitung

■ Den Blumenkohl putzen und in Röschen teilen, die Kartoffeln schälen und in Scheiben schneiden, beides zusammen in leicht gesalzenem Wasser 10 Minuten kochen lassen, abtropfen, das Kochwasser aufbewahren.

■ In einem Topf einen Stich Butter schmelzen, das Mehl einrühren und ganz leicht bräunen lassen, dann mit ¼ Liter von dem Kochwasser ablöschen, die Milch dazugeben und unter Rühren aufkochen lassen. Diese Béchamelsoße mit etwas Salz, Pfeffer und Muskat würzen und den Senf einrühren.

■ Den Kochschinken in Scheiben schneiden und den Käse reiben. Die Kartoffeln und den Blumenkohl mit dem Schinken in eine gebutterte Auflaufform schichten, mit der Béchamelsoße übergießen und mit dem Käse bestreuen.

■ Auf dem mittleren Einschub bei 180 °C 20 bis 25 Minuten backen, bis der Käse gebräunt ist.

Passt gut zusammen mit einem Rohkostsalat, oder man bestreut den Gratin mit Kräutern der Saison.

Blumenkohl-Kichererbsen-Curry

Zutaten

150 g Kichererbsen
150 g Möhren
1 kleine Lauchstange
1 mittelgroßer Blumenkohlkopf
Pflanzenöl
1 Paprika
1 Dose Kokosmilch
2 Knoblauchzehen
1 kleiner Bund Petersilie
Currypulver (möglichst »Madras«)
Salz

Zubereitung

■ Die Kichererbsen am Vortag in reichlich Wasser einweichen.

■ Die Erbsen abspülen und mit frischem Wasser aufsetzen, etwa 30 Minuten kochen, bis sie weich geworden sind. Notfalls gehen auch Kichererbsen aus der Dose.

■ Die Möhren und den Lauch putzen und in Scheiben schneiden. Den Blumenkohl in Röschen teilen. Alles zusammen in einem großen Topf oder Wok mit etwas Pflanzenöl unter Rühren anbraten. Die Paprika in kleine Stücke schneiden und dazugeben, mit wenig Wasser ablöschen und mit geschlossenem Deckel weiterdünsten. Nach etwa 15 bis 20 Minuten sollte das Gemüse bissfest gegart sein. Nun die Kichererbsen dazugeben und die Kokosmilch unterrühren. Mit den ausgepressten Knoblauchzehen und etwa ein Esslöffel Currypulver (je nachdem, wie scharf Sie es mögen) und Salz abschmecken. Mit gehackter Petersilie überstreuen.

Dazu schmeckt Basmatireis.

Cardy

Anbauen

In wintermildem Klima wird die Karde *(Cynara cardunculus)* mehrjährig kultiviert. Säen Sie sie bereits Anfang März im beheizten Gewächshaus oder auf dem Fensterbrett aus. Nach den Eisheiligen kommen die Pflanzen ins Beet – sie benötigen etwa einen Quadratmeter pro Exemplar. Der Boden sollte locker und organisch gedüngt sein, z. B. mit Kompost. Bei Trockenheit gut wässern.

Vor dem ersten Frost wird die Cardy runtergeschnitten – wenn sie überwintern soll, muss der Wurzelstock so abgedeckt werden, dass kein Regenwasser durch die abgeschnittenen Stängel ins Pflanzeninnere laufen kann, denn sonst würde sie faulen. Alternativ können Sie die Pflanzen zu Winterbeginn ausgraben und in Kübel topfen, um sie im unbeheizten Gewächshaus oder Folientunnel zu überwintern. Sobald die Cardy im Februar mit dem Neuaustrieb beginnt, darf sie keinen Frost mehr bekommen.

Sorten

Verschiedene Cardy-Sorten sind hierzulande nicht bekannt. Saatgut erhält man bei Spezialversendern.

Ernten

Verzehrt werden bei der Karde die Stängel und Blattrippen. Diese schmecken von Natur aus bitter, weshalb man sie vor der Ernte bleicht. Dazu bindet man die Pflanzen an mehreren Stellen zusammen und umhüllt sie dann mit schwarzer Folie oder Leinwandsäcken. Achtung, die Pflanze ist stachelig! Häufeln Sie im unteren Bereich mit Erde an, um die Standsicherheit auch bei stärkerem Wind zu gewährleisten. Nach etwa drei bis vier Wochen sind die Pflanzen fertig gebleicht. Nun schneidet man die Stängel nach Bedarf.

Lagern

Sie können die Cardy mitsamt dem Wurzelstock ausgraben, im Keller in feuchten Sand einschlagen und in den folgenden Wochen bedarfsweise Blattrippen ernten.

Kochen mit Cardy

Man isst die Stängel und äußeren Blattrippen der Cardy. Achten Sie bei der Zubereitung darauf, dass sie innen gleichmäßig fleischig und saftführend sind, an der Basis werden die Stängel manchmal holzig. Etwaige Faden können vor oder auch nach dem Kochen abgezogen werden. Mit einem Spargelschäler geht das leicht. Die Stängel werden in fingerlangen Stücken in Salzwasser 15 bis 20 Minuten gedünstet. Ist das Gemüse noch sehr bitter, schütten Sie das Kochwasser weg und lassen die Cardy noch einmal in frischem Salzwasser kurz aufkochen. Man kann die Cardy aber auch ähnlich wie Spargel zubereiten – mit Béchamelsoße oder mit Butter und gekochtem Schinken. Cardy kann auch roh verzehrt werden, z. B. zum Dippen.

Cardy mit Zitrone

Zutaten

　800 g Cardystängel
　4 EL gutes Olivenöl
　Zitrone
　Pfeffer, Salz

Zubereitung

■ Die Cardystängel waschen und falls nötig die an der Außenhaut verlaufenden Fäden entfernen.
■ In mundgerechte Stücke schneiden und 15 bis 20 Minuten in Salzwasser garen. Zum Servieren mit Olivenöl und etwas Zitronensaft beträufeln und pfeffern.

Chicorée

Selbst Chicorée *(Cichorium intybus)* zu ziehen ist etwas aufwendig, dafür wird man mit köstlichem, frischem Salat im Winter belohnt.

Anbauen

Der Chicorée ist eine ideale Nachfolgekultur für Kartoffeln, Erbsen oder Dicke Bohnen. Ausgesät wird im April in Töpfe oder in ein Vorzuchtbeet. Sobald Ende Juli die Hauptkultur das Beet geräumt hat, setzt man die Chicorée-Jungpflanzen mit einem Abstand von 50 cm in und zwischen der Reihe.

Wenn nicht noch ausreichend Nährstoffe nach der Hauptkultur im Boden stecken, sollten Sie nun auch Kompost oder einen anderen organischen Dünger einharken. Wässern Sie vor allem an trockenen Tagen durchdringend.

Im Oktober, je nach Lage auch im November, aber möglichst vor dem ersten Frost werden die Pflanzen ausgegraben. Lassen Sie sie ein paar Tage ruhen und schneiden Sie dann die Blätter bis auf das Herz zurück. Das untere Drittel der Wurzel darf gekappt werden. Setzen Sie die Pflanzen nun in einen Kübel mit Erde

und stellen diesen in einen kalten dunklen Raum. Halten Sie die Erde leicht feucht. Wenn es hell ist, stülpen Sie einen weiteren Kübel über die Pflanze, den Sie ab und an lüften. Zum Treiben schätzen die Pflanzen einen Platz, an dem es 10 bis 15 °C warm ist. Nun dauert es je nach Temperatur 4 bis 8 Wochen, bis neue Sprossen austreiben, die abgeschnitten werden können.

Sorten

Die Sortenvielfalt bei Chicorée ist begrenzt. 'Brüsseler Witloof' ist eine altbewährte Sorte für den frühen bis mittleren Anbau, er bildet längliche feste Köpfe. 'Tardivo' ist für die späte Treiberei geeignet, Ernte ist dann von Januar bis März. 'Redoria' hat rote Blätter und erinnert an Radicchio.

Ernten

Die Chicorée-Ernte beginnt, wenn die Pflanzen ausreichend große Köpfe entwickelt haben. Sie werden dann einfach abgeschnitten. Die Wurzel ist dann ausgelaugt und kann auf den Kompost.

Lagern

Hat sich erst einmal ein Chicorée-Spross entwickelt, lässt sich dieser nur noch kurze Zeit im Kühlschrank lagern. Nehmen Sie Einfluss auf den Erntezeitpunkt, indem Sie die Temperatur des Raumes regulieren, in dem Sie die Wurzeln einschlagen.

Kochen mit Chicorée

Früher war Chicorée ziemlich bitter – die modernen Sorten lassen das nur noch erahnen. Er eignet sich für frische Salate, besonders lecker ist er im Zusammenspiel mit Apfel, Orange oder Birne. In Italien und Frankreich wird Chicorée als Blattgemüse zubereitet. Dazu dünstet man ihn in Olivenöl oder je nach Geschmack auch in etwas Butter.

Chicorée-Avocado-Salat

Zutaten

500 g Chicorée
1 weiche Avocado
½ Gemüsezwiebel
evtl. Crème fraîche
Pfeffer, Salz

Zubereitung

■ Den Chicorée waschen und in Streifen schneiden.
Die halbe Gemüsezwiebel ebenfalls zu feinen Streifen
schneiden. Die Avocado auslöffeln und das Fruchtfleisch
unter Chicorée und Zwiebel heben. Pfeffern und salzen.
■ Wer es gerne noch etwas cremiger mag, kann ein
paar Löffel Crème fraîche dazugeben.

Fruchtiger Chicorée-Salat

Zutaten

2 Chicorée
1 große Orange
1 Apfel
50 g Haselnüsse, gehackt
100 ml Sahne
Salz
Zimt
Muskat

Zubereitung

■ Den Chicorée waschen, den Strunk entfernen und
klein schneiden. Die Orange und den Apfel schälen und
in Stücke schneiden. Die gehackten Nüsse in einer
Pfanne kurz anrösten. Vorsicht, sie verbrennen schnell,
sollen aber nur leicht bräunen!
■ Die Sahne mit etwas Salz, Zimt und einer kleinen
Prise Muskat verrühren und zusammen mit den gerösteten Nüssen zum Salat geben und vermengen.

Gebratener Chicorée

Zutaten

500 g Chicorée
Olivenöl
ein paar Salbeiblätter (möglichst frisch)
150–200 g Ziegenfrischkäse
Balsamessig (cremig)
Salz, dazu Ciabatta oder Baguettebrot

Zubereitung

■ Den Chicorée von welken Blättern befreien, abspülen
und abtrocknen. Der Länge nach durchschneiden.
Moderne Sorten sind kaum noch bitter, weshalb man
das Herz meist nicht mehr entfernen muss.
■ Reichlich Olivenöl in eine große Pfanne geben und
den Chicorée zunächst von der Schnittseite her darin
bräunen. Umdrehen, einen Deckel auflegen und die
Hitze etwas zurücknehmen. Nach etwa 10 Minuten ist
das Gemüse gar und von beiden Seiten appetitlich
goldgelb.
■ Die klein geschnittenen Salbeiblätter noch kurz in der
Pfanne mit anwärmen. Dann das Gemüse zusammen
mit dem Käse auf einem Teller anrichten und ein paar
Kringel mit Balsamico darübermalen.
■ Noch warm mit dem frischen Brot servieren.

*Gebratener Chicorée schmeckt ein wenig bitter und
ist sehr saftig. Ein erfrischendes Essen, das nicht
schwer im Magen liegt. Für zwei Personen reicht es
als leichte Mahlzeit, für vier Personen als Vorspeise.*

Chinakohl

Chinakohl (*Brassica rapa* subsp. *pekinensis*) bereichert die Winterküche sowohl als Salat wie als Gemüse zubereitet.

Anbauen

Chinakohl wird in zweiter Tracht Mitte bis Ende Juli angebaut. Er ist ein Starkzehrer und bevorzugt mittelschweren, nährstoffreichen Boden in windgeschützter Lage. Allzu warm muss es nicht sein, und er kommt auch im Halbschatten zurecht. Säen Sie ihn im Abstand von 40 bis 50 cm in bzw. zwischen den Reihen aus. Regelmäßiges Hacken, Düngen und Wässern erhöht den Ertrag, da sich der Chinakohl sehr rasch entwickelt.

Sorten

Es gibt mittlerweile Chinakohlsorten, die auch für die Sommerernte geeignet sind – Achtung, diese taugen nicht zum Lagern, lesen Sie die Packungsaufdrucke genau! Da Chinakohl von allen Kohlsorten am anfälligsten für die gefürchtete Kohlhernie ist, empfehle ich, eine tolerante Sorte zu wählen wie z.B. 'Bilko' F_1 – er bildet feste kurze Köpfe, die lange lagerfähig sind. 'Autumn Fun' F_1 ist ebenfalls gegen Kohlhernie tolerant. Außen bekommen die Köpfe dunkelgrüne Blätter, innen sind sie gelblich und zart. Wenn Sie samenfeste Sorten bevorzugen, kommt 'Takenoko' infrage, dieser ist ausgesprochen winterhart und kann daher auf dem Beet stehen bleiben.

Ernten

Chinakohl kann jederzeit zum direkten Verzehr geerntet werden. Für die Lagerung sollten sich allerdings feste Köpfe gebildet haben. Dies ist in der Regel im Oktober oder November der Fall. Chinakohl können Sie lange auf dem Beet stehen lassen, da er auch leichte Fröste verträgt, wenn Sie ihn mit Vlies oder Reisig ein wenig schützen.

Lagern

Wie die meisten Gemüse hält auch Chinakohl am besten auf dem Beet frisch, solange es nicht allzu kalt wird. Drohen stärkere Minusgrade, können Sie ihn mitsamt der Wurzel aus dem Boden nehmen und im kühlen Keller oder in der Garage in feuchten Sand einschlagen. Falls dies nicht möglich ist, kann er auch ohne Wurzelwerk in einer Erdmiete oder in einer vergrabenen Waschmaschinentrommel eingelagert werden. Die äußeren Blätter werden dabei mit der Zeit schlapp und unansehnlich, das Innere hingegen hält lange frisch – je fester der Kopf ist, desto besser.

Kochen mit Chinakohl

Der aus Asien stammende Chinakohl kann sowohl roh wie auch gegart zubereitet werden. Er macht sich gut in gemischten Rohkostsalaten mit Radicchio, geriebenen Möhren und auch mit winterlichen Kräutern wie Barbarakresse, Petersilie oder Schnittlauch – am besten frisch von der Fensterbank. Eine Vinaigrette mit etwas Senf, Käse- oder Schinkenwürfeln gibt dem Salat eine herzhafte Note.

Da Chinakohl keinen sehr ausgeprägten Eigenschmack hat, passt er auch gut in süße Rohkostsalate mit Nüssen, Orangenschnitzen und Ähnlichem – dann empfiehlt es sich, den Geschmack mit frischem Zitronensaft aufzupeppen. Und auch gegart lässt sich Chinakohl vielfältig zubereiten. Er passt sehr gut zu diversen Mischgemüsen und besonders gut zu Gemüsegerichten aus dem Wok. Man sollte ihn immer zuletzt dazugeben und nur kurz garen, damit er knackig bleibt. Zwei oder drei Minuten sind schon genug.

Chinakohlrohkost mit Obst

Zutaten

200 g geputzter Chinakohl
1 säuerlicher Apfel
1 Orange
100 g gehackte Haselnüsse
½ Zitrone
2 TL Honig
4 EL Walnussöl
Currypulver (möglichst »Madras«)
Salz

Zubereitung

■ Den Apfel und die Orange schälen und ebenso wie den Chinakohl in feine Streifen schneiden. Mit den gehackten Nüssen überstreuen.

■ Aus der entsafteten halben Zitrone, dem Honig, Öl und ein wenig Salz eine Salatsoße rühren und mit einer Spur Curry würzen. Über den Salat geben und unterheben. Eine Viertelstunde ziehen lassen, dabei immer mal wieder wenden.

Leichter Beilagensalat – Kinder mögen ihn meist gern. Man kann diesen fruchtigen Salat auch mit saurer Sahne oder Joghurt anstelle von Öl und Zitronensaft anmachen, das schmeckt noch milder.

Chinakohl mit Rindfleisch aus dem Wok

Zutaten

400 g Rindsroulade
1 Kopf Chinakohl (ca. 800 g geputztes Gemüse)
1 Stange Lauch
1 Möhre
Sojasoße
Mehl
Rapsöl
1 EL Zucker
1 EL Essig
125 g Erdnüsse
Asia-Gewürz
Salz

Zubereitung

■ Dieses Gericht lässt sich am besten im Wok zubereiten, alternativ geht eine große Pfanne. Alle Zutaten müssen fertig vorbereitet sein, bevor man mit dem Kochen beginnt, da es dann sehr schnell gehen muss. Die Rindsrouladen ein paar Stunden vor dem Kochen auf beiden Seiten mit Sojasoße bestreichen und zur Seite stellen. 15 Minuten bevor sie in den Wok kommen, dünn mit Mehl bestäuben.

■ Das Gemüse waschen, putzen und in feine Streifen schneiden. Die Rouladen sehr fein schnetzeln. Einen Schuss Rapsöl im Wok erhitzen, die Möhren und den Lauch hineingeben und bei großer Hitze etwa 2 Minuten braten, dabei ein wenig hin und her schieben.

■ Das Gemüse an den Rand hochschieben und das Fleisch in mehreren Portionen im Wok braten – nie zu viel auf einmal einfüllen, damit es kein Wasser zieht.

■ Wenn alle Fleischstreifen kurz gebraten sind, wird der Chinakohl portionsweise dazugegeben, und alles wird bei hoher Hitze gerührt. Den Zucker mit dem Essig und etwa 50 ml Wasser vermengt in den Wok schütten, die Temperatur herunterregeln, die Erdnüsse einstreuen, mit Asia-Gewürzmischung (ersatzweise mit Curry) und Salz abschmecken.

Endivie

Die Endivie *(Cichorium endiva)* hat im Spätherbst und Winter Saison. In milden Regionen kann sie auf dem Beet stehen bleiben.

Anbauen

Endivien werden erst ab Mitte Juni ausgesät, besser ist Anfang Juli. Wenn Sie zu der Zeit noch keinen Platz haben, können Sie die Pflanzen auch in Töpfchen oder auf dem Anzuchtbeet vorziehen und erst später auf das endgültige Beet pflanzen. Dabei sollte der Abstand 30 × 30 cm betragen. Die Jungpflanzen sollten bereits vier bis sechs richtige Blätter ausgebildet haben. Man darf sie nicht tiefer setzen, als sie im Anzuchtbeet gestanden haben. Sie haben einen mittelhohen Nährstoffbedarf, eine Gabe organischer Dünger vor dem Auspflanzen reicht.

Sorten

Man unterscheidet die großblättrigen Escariol-Sorten, die robuster und besser lagerfähig sind, und die fein- und krausblättrigen Sorten (Frisée), die schossfester sind. Frisée ist allerdings anfälliger für Fäulnis. Zudem gibt es mittlerweile selbstbleichende Sorten.

'Escariol gelb' ist eine sehr robuste Sorte, die auch bei Regen und nasskaltem Wetter nicht zum Faulen neigt. Sie verträgt leichten Frost. Die eher groben Blätter sind gelbgrün und können ohne Bleichen verzehrt werden.

'Escariol grün' schosst nicht so leicht wie die gelbe Sorte und kann deshalb schon früher im Jahr angebaut werden. 'Escariol grün' sollte gebleicht werden, um die Bitterstoffe zu reduzieren. Hält sich im Einschlag sehr lang. 'Eminence' ist robust und hat einen hohen Anteil milder gelber Blätter, gut lagerfähig.

Ernten

Alte Endiviensorten wie 'Escariol grün' schmecken bitter, deshalb bindet man etwa zwei Wochen vor der Ernte die Blätter zusammen oder stülpt einen lichtdichten Eimer über die Pflanzen, um sie zu bleichen – dann werden sie milder. Leichten Frost überstehen die Endivien auf dem Beet, am besten abgedeckt mit Vlies oder Folie. Zur Ernte schneidet man einfach die Köpfe ab. Möchte man sie einlagern, muss man sie mitsamt dem Wurzelwerk aus dem Boden holen.

Lagern

Solange es nicht friert, bleiben Endivien am besten auf dem Beet stehen. Bei Temperaturen unter −5 °C nimmt man sie vom Beet. Wenn man sie ohne Wurzeln erntet, halten sie, stramm in Zeitungspapier gewickelt und an einem kühlen Ort wie im Keller oder in der Garage gelagert, noch zwei, drei oder auch vier Wochen. Etwa doppelt so lange kann man frische Endivien genießen, wenn man sie mitsamt den Wurzeln ausgräbt und in feuchten Sand einschlägt.

Kochen mit Endivien

Endivien werden gerne als Bestandteil gemischter Blattsalate gegessen. Regional sind Gerichte verbreitet, bei denen sie kurz gedünstet verzehrt werden. Fein geschnitten, mit Essig und Öl angemacht, werden sie auch mit Kartoffelmus vermengt gegessen. Sehr fein geschnitten, kann man sie z. B. mit geriebenen Möhren als Rohkost anbieten. Um den leicht bitteren Geschmack auszugleichen, bietet es sich an, die fein geschnittenen Endivien zusammen mit Orangenschnitzen und Joghurtsoße zu einem winterlichen Salat zu verarbeiten. Bitterstoffe – aber leider auch Vitamine – können durch ein lauwarmes Wasserbad entzogen werden.

Bunter Endiviensalat

Zutaten

2 Handvoll Endivien-Blätter, geputzt
1 Handvoll Radicchio-Blätter, geputzt
1 kleine Weiße Bete
1 Möhre
3 EL Olivenöl
1 EL Weißweinessig
1 TL Zucker, etwas Salz
Knoblauch zum Ausreiben der Salatschüssel

Zubereitung

■ Eine Salatschüssel mit Knoblauch ausreiben, Essig, Öl, Salz und Zucker darin zu einer Vinaigrette verrühren.
■ Den Salat zerpflücken, die Weiße Bete und die Möhre in feine Scheiben hobeln und alles vermengen.

Dieser Salat schmeckt herb und ist appetitanregend. Sie können ihn vielfältig variieren – probieren Sie ihn doch einmal mit gebratenem Speck oder mit Apfelscheibchen anstelle der Weißen Bete. Wir essen Endiviensalat gerne zu Bratkartoffeln und Fisch.

Feldsalat

Je nach Klima können Sie Feldsalat (*Valerianella locusta*) den ganzen Winter über frisch aus dem Garten holen – allerdings nur, wenn keine Minustemperaturen herrschen.

Anbauen

Feldsalat stellt keine besonderen Ansprüche. Sie können ihn gut als Nachkultur zu Kartoffeln, Erbsen oder Dicken Bohnen anbauen, denn er sollte für die Herbst- und Winterernte im August, spätestens im September aus-gesät werden. Später gesät, keimt er unregelmäßig und kommt meist erst nach dem Winter hoch – dann kann er im April und Mai geerntet werden. Der Abstand zwi-schen den Saatreihen muss mindestens 10 cm betra-gen. Die einzelnen Pflanzen werden umso größer und gesünder, je mehr Platz sie haben. Ich mache es des-halb so, dass ich zu eng stehende Pflänzchen frühzeitig ausziehe und als besonders zarten Salat einfach aufesse.

Eigentlich verträgt Feldsalat auch tiefe Minusgrade. Aller-dings bleibt er ansehnlicher, wenn Sie ihn in kalten trockenen Wintern mit einem Vlies(tunnel) schützen, damit die Blätter nicht austrocknen. Unter einer Schnee-schicht fühlt er sich wohl. Wenn er allerdings wochen-lang bedeckt ist, wird er gelb und ist nicht mehr attraktiv.

Sorten

Besonders geeignet für die Überwinterung sind die Sorten, 'Vit' und 'Dunkler Vollherziger'. Nicht leicht zu be-ziehen, aber ebenfalls sehr frosthart ist die großblättrige Sorte 'Kölner Palm'.

Ernten

Feldsalat kann jederzeit geerntet werden, es sei denn, die Blätter sind durchgefroren – dann würden sie nach dem Auftauen matschig werden. Gerade in der lichtar-men Zeit und beim Anbau unter Vlies oder Glas ist es besser, den Salat am Nachmittag zu schneiden, denn er neigt zur Anreicherung von Nitrat, das durch Licht-einfluss abgebaut wird.

Kochen mit Feldsalat

Am besten waschen Sie Feldsalat schwimmend, dann fallen Sand und Erdreste nach unten ab. Trocknen Sie ihn danach in einer Salatschleuder oder vorsichtig mit einem Geschirrtuch. Mit einer leichten Vinaigrette be-tonen Sie das feine nussartige Aroma, schwere Salat-dressings passen nicht so gut.

Kombinieren lässt sich Feldsalat gut mit dünnen Schei-ben von Apfel, Birne oder Möhre, und er verträgt sich sehr gut mit Walnüssen, Pinien- oder auch Sonnen-blumenkernen. Zu einer kleinen Mahlzeit wird Feldsalat, wenn er mit gebratenen Pilzen – z. B. Austernpilzen – oder einem sanften Käse wie jungem Ziegenfrischkäse und etwas frischem Brot angerichtet wird.

Grundrezept Dressing Feldsalat

Zutaten

1 EL Weinessig
3 EL Pflanzenöl (sehr gut passen
Nussöle und Kürbiskernöl)
1 TL Zucker
etwas Salz

Zubereitung

■ Dieses Dressing mit einer Gabel verschlagen und sofort über dem Salat verteilen. Was dazu kommt, lässt sich vielfältig variieren (z. B. Möhren und Walnüsse).

Grünkohl

Grünkohl (*Brassica oleracea* convar. *acephala* var. *sabellica*) ist besonders in Norddeutschland beliebt. Er kann den ganzen Winter über frisch aus dem Garten geholt werden und gilt als ausgesprochen vitaminreich und gesund.

Anbauen

Von allen Kohlsorten stellt Grünkohl die geringsten Ansprüche an den Boden. Sein Nährstoffbedarf liegt im mittleren Bereich. Die Pflanzen machen sich auch dekorativ im Staudenbeet – probieren Sie es mal aus! Wer selbst aussäen möchte, sollte dies Mitte bis Ende Mai tun. Ansonsten erhalten Sie Jungpflanzen auch auf Wochenmärkten oder beim Gärtner. Ausgepflanzt wird bis Anfang August – damit eignet sich der Grünkohl gut als Nachkultur zu Kartoffeln, Erbsen oder Dicken Bohnen.

Setzen Sie die Jungpflanzen je nach erwarteter Endgröße mit einem Abstand von 40 × 50 cm bis 50 × 60 cm. Anfangs benötigt der Grünkohl reichliche Wassergaben, hacken Sie auch regelmäßig, um die Verdunstung zu verringern. Im September kann noch einmal gedüngt werden. Grünkohl mag es, wenn das Beet mit Rasenschnitt gemulcht wird, da dieser stetig Stickstoff abgibt und den Boden feucht hält.

Sorten

Man unterscheidet niedrige, halbhohe und hohe Grünkohlsorten. Winterhart sind sie alle; wo man mit viel Schnee rechnen muss, sind die niedrigen Sorten besser geeignet, da standfester. Sie entwickeln sich auch schneller als die hohen Sorten.

'Vitessa' ist eine wüchsige halbhohe Standardsorte mit dunkelgrünen Blättern.

'Halbhoher Grüner Krauser' hat sich schon lange bewährt und wächst ebenfalls halbhoch.

'Lerchenzungen' ist niedrig, bildet dekorative lange schmale Blätter und ist sehr winterhart.

'Redbor' F_1 ist eine hübsche rotblättrige Sorte mit feinen krausen Blättern und halbhohem Wuchs, robust aber nicht so ertragreich.

'Ostfriesische Palme' kann unter idealen Bedingungen mannshoch werden. Die unteren Blätter sind derb und als Viehfutter zu verwenden, die oberen Blätter jedoch sind zart und wohlschmeckend.

Ernten

Ab Oktober kann der Grünkohl den ganzen Winter über geerntet werden. Erst unter Frosteinwirkung entwickelt er seinen feinen Geschmack. Schneiden oder brechen Sie die äußeren Blätter von mehreren Pflanzen ab, damit genug Substanz stehen bleibt. Die Pflanzen wachsen weiter, solange es nicht zu kalt wird.

Lassen Sie auch im späten Winter die Stängel mit dem Herz stehen, sie treiben im Frühjahr an den abgebrochenen Blattachseln noch einmal aus und liefern zarte junge Blätter in einer Zeit, wo es sonst kaum frisches Gemüse gibt.

Lagern

Da Grünkohl frosthart ist, braucht er nicht eingelagert zu werden, auf dem Beet hält er am besten frisch. Lange extreme Kältephasen setzen den Blättern zu, sie bleiben ansehnlicher, wenn man sie mit einem doppelten Vlies schützt. Achtung, wenn es im Frühjahr wieder warm wird, muss das Vlies entfernt werden!

Kochen mit Grünkohl

Bei der Zubereitung von Grünkohl scheiden sich die Geister. Manche Rezepte schlagen vor, die ganzen Blätter mitsamt Blattrippen zu kochen und anschließend durch den Fleischwolf zu drehen. Das Ergebnis ist ein grüner Brei. Ich bevorzuge es, die Blattrippen mit einem Messer zu entfernen – auch wenn dies ein wenig Arbeit macht – und den Kohl klein zu schneiden, bevor man ihn in etwas Öl oder Schmalz dünstet. Achtung, man muss etwas Wasser dazugeben, damit er nicht ansetzt. Wie lange er gedünstet wird, ist Geschmacksache: Während klassische Rezepte manchmal mehr als eine Stunde empfehlen, reichen mir 30 Minuten aus. Traditionell wird Grünkohl mit Schmalz und Zwiebeln geschmort, dazu reicht man Räucherwurst, Kasseler oder Bauchfleisch. Es sind jedoch auch leichtere und vegetarische Zubereitungsweisen möglich.

Grünkohl-Apfel-Gemüse

Zutaten

1 kg Grünkohl
3 mittelgroße Äpfel, z.B. 'Boskoop'
1 Zwiebel
Butter oder Margarine
100 g Sonnenblumenkerne
Salz, Zucker, Pfeffer

Zubereitung

■ Vorbereitung des Grünkohls wie beim vorigen Rezept.
■ Die Äpfel schälen, entkernen und in kleinere Stücke schneiden, anstelle der Fleischwaren nach 20 Minuten zum Kohl geben. Alles zusammen noch mal 20 Minuten garen lassen, dann die Äpfel unterrühren.
■ Die Sonnenblumenkerne in einer Pfanne rösten – Achtung, sie werden schnell schwarz, immer gut rühren! Die Kerne werden am Ende über den Grünkohl gestreut. Dazu passen Spätzle, aber auch normale Nudeln.

Grünkohl mit Kasseler und Kohlwurst

Zutaten

1 kg Grünkohl
1 Zwiebel
Margarine
4 Stück Kasselersteaks
4 Kohlwürste
Salz
Zucker
Muskat

Zubereitung

■ Sie brauchen einen großen Topf!
■ Den Grünkohl waschen, die Blattrippen entfernen und die Blätter fein schneiden. Die Zwiebel schälen, würfeln und in der Margarine anbraten.
■ Den zerkleinerten Grünkohl dazugeben, mit ¼ Liter Wasser auffüllen und zum Kochen bringen.
■ Auf kleiner Flamme 20 Minuten köcheln lassen, das Fleisch und die Wurst auf den Grünkohl legen und das Ganze noch einmal 20 Minuten köcheln lassen.
■ Nun Fleisch und Wurst beiseite nehmen und den Grünkohl mit Salz, einer Prise Muskat und etwas Zucker abschmecken. Dazu passen gut Bratkartoffeln oder Salzkartoffeln.
■ So oder so ähnlich wird der Grünkohl in Norddeutschland gegessen. In der Gegend um Bremen nimmt man statt der Kohlwurst die sogenannte Pinkel, eine geräucherte Grützwurst.

Wer es noch deftiger mag, nimmt geräuchertes Bauchfleisch anstelle vom Kasseler.

Grünkohl-Cannelloni

Zutaten

- 500 g Grünkohl
- 2 mittelgroße Zwiebeln
- 40 g Butter
- 40 g Mehl
- ¾ l Milch
- ¼ l Brühe
- 100 g getrocknete Tomaten in Öl

- 250 g Ricotta (ersatzweise Frischkäse)
- 250 g Cannelloni (ca. 25 Stück)
- 50 g Reibekäse (Gouda, Cheddar, Edamer o. Ä.)
- etwas Pflanzenöl
- Muskat
- Pfeffer
- Salz

Zubereitung

■ Den Grünkohl waschen, die Blattrippen entfernen und die Blätter sehr fein schneiden. Die Zwiebeln schälen, würfeln und in einem großen Topf mit etwas Öl anbraten. Sobald sie Farbe bekommen, den Grünkohl dazugeben und etwas Wasser aufgießen, sodass der Boden eben bedeckt ist. Im abgedeckten Topf 20 Minuten garen, ab und an kontrollieren, ob noch Wasser auf dem Topfboden ist, damit nichts anbrennt.

■ Während der Kohl gart, wird die Béchamelsoße zubereitet: Dazu die Butter in einem Topf erhitzen und unter Rühren das Mehl einstreuen. Langsam die Milch und die Brühe dazugießen und mit einem Schneebesen verschlagen, sodass sich keine Klumpen bilden. Die Soße einmal aufkochen, dann mit Salz, Muskat und Pfeffer abschmecken und noch fünf Minuten bei leiser Flamme köcheln. Währenddessen ab und zu umrühren.

■ Die getrockneten Tomaten abtropfen lassen und in kleine Stücke schneiden. Wenn der Grünkohl gar ist, ein wenig abkühlen lassen und dann mit den Tomaten und dem Ricotta vermengen, leicht salzen. Nun werden die Cannelloni mit der Masse gestopft – am besten geht das mit den Händen ohne weitere Hilfsmittel. Die fertigen Cannelloni in eine gefettete Auflaufform legen und mit der Béchamelsoße übergießen. Dabei ein wenig Soße zurückhalten, um sie später über trocken werdende Stellen geben zu können.

■ Die Auflaufform kommt in den Backofen bei 180 °C auf die mittlere Schiene. Nach einer Viertelstunde nachsehen, ob Stellen auszutrocknen drohen und gegebenenfalls mit der restlichen Soße bestreichen. Den geriebenen Käse gleichmäßig über die Cannelloni streuen und alles noch eine weitere Viertelstunde backen.

Die Grünkohl-Cannelloni sind eine leckere Alternative zu den klassischen Zubereitungsweisen mit Fleisch und Wurst – sie sind ziemlich sättigend! Dazu passt ein grüner Salat – z. B. Feldsalat.

Haferwurzel

Die früher weitverbreitete Haferwurzel *(Tragopogon porrifolius)* ist kaum noch bekannt. Sie kann im Winter direkt vom Beet geholt werden.

Anbauen

Haferwurzeln sind unkompliziert. Sie werden ab Mitte März auf einen tiefgründig gelockerten Boden gesät. Zwischen den Reihen benötigen sie einen Abstand von 25 cm, in der Reihe sollte er 10 cm betragen. Sie haben einen mittelhohen Nährstoffbedarf – eine Gabe Kompost zu Kulturbeginn ist willkommen. In der Folgezeit müssen Sie nur noch durch regelmäßiges Hacken und Jäten die Kultur unkrautfrei halten, Gießen ist nur bei starker Trockenheit nötig.

Sorten

In Deutschland sind keine verschiedenen Sorten mehr im Handel, in England und Frankreich gibt es eine kleine Auswahl an Züchtungen.

Ernten

Die Ernte beginnt im November und richtet sich nach Ihrem Bedarf. Solange es nicht friert, wachsen die Wurzeln weiter. Lockern Sie den Boden mit einer Grabegabel, bevor Sie die Wurzeln ausziehen. Ende März sollte die Ernte abgeschlossen sein, denn bald beginnen die Pflanzen zu blühen und werden holzig. Falls doch noch die eine oder andere Haferwurzel stehen geblieben ist: Die Blüten sind wunderschön.

Lagern

Haferwurzeln sind absolut frosthart und können den ganzen Winter über direkt aus der Erde geholt werden. So halten sie auch am besten frisch. Wenn Sie aber in einer Region leben, wo der Boden über längere Zeit durchfriert, oder wenn Sie Wühlmäuse im Garten haben, ist es besser, die Haferwurzeln im Dezember zu ernten und einzulagern. Sie halten lange frisch, wenn man das Grün etwa zwei Zentimeter über dem Kopf abschneidet und die Wurzeln in feuchten Sand einschlägt.

Kochen mit Haferwurzel

Ebenso wie die Schwarzwurzel sondert die Haferwurzel einen klebrigen Milchsaft ab, der Kleidung und Haut verfärbt. Am besten schält man sie mit Handschuhen und legt sie gleich in Wasser, das mit etwas Zitronensaft versetzt wurde.

Man gart die Wurzeln in Salzwasser etwa 15 Minuten, bis sie weich sind. Sie schmecken gut mit einer Gorgonzola-Sahne-Soße, aber auch mit Béchamelsoße oder zerlassener Butter. Dazu passt gekochter Schinken, helles Fleisch oder auch Fisch. Im Frühjahr schmecken die ersten frischen Kräuter über die Haferwurzeln gestreut besonders gut. Der Geschmack der Haferwurzel ist leicht süß-säuerlich und erinnert ein wenig an Austern.

Haferwurzel mit Fischklößchen und Kapern

Zutaten

- 500 g geputzte Haferwurzel
- 500 g Seefisch (Dorsch, Rotbarsch oder Seelachs)
- 1 kleine Zwiebel
- 1 EL Mehl
- 1 TL Senf
- 1 Becher Sahne
- 1 TL Speisestärke
- 1 Glas Kapern, Salz

Zubereitung

■ Die Haferwurzeln waschen, putzen und in Stücke schneiden. In einem ¼ Liter kalten, leicht gesalzenen Wasser aufsetzen und ca. 15 Minuten kochen.

■ Unterdessen den Fisch durch einen Fleischwolf drehen (oder aber sehr fein schneiden). Die Zwiebel in feinste Würfel schneiden und zusammen mit dem Mehl, dem Senf, etwas Salz und dem Fisch vermengen.

■ Aus der Masse kleine Klößchen formen und auf das Gemüse legen, sodass sie im Wasserdampf garen. Das dauert etwa 10 Minuten.

■ Die Flüssigkeit abgießen und auffangen. Diese in einem anderen Topf zusammen mit einem halben Becher Sahne aufkochen, die andere Hälfte der Sahne mit der Speisestärke verquirlen und in die kochende Soße einrühren, bis diese leicht abbindet.

■ Die Kapern abgießen und zusammen mit der Soße zu den Haferwurzeln und dem Fisch geben – vorsichtig unterheben, die Fischklößchen zerfallen leicht.

Wir essen dazu gerne Salzkartoffeln, Reis passt aber auch gut – ebenso wie Salat mit Zitronensaft.

Kartoffel

Die Kartoffel (*Solanum tuberosum*) ist leicht anzubauen, unkompliziert zu lagern und kann vielfältig in der Küche verwendet werden – also ein ideales Wintergemüse!

Anbau im Garten

Kartoffeln anbauen kann jeder. Die Pflanzen sind recht anspruchslos, am besten gedeihen sie auf leichten bis mittelschweren Böden ohne Staunässe. Legen Sie die Kartoffeln Mitte bis Ende April, vorher können sie bereits in einem hellen, etwa 10 bis 15 °C warmen Raum vorgekeimt werden. Die Knollen werden mit den Augen bzw. Austrieben nach oben etwa 10 cm tief ausgelegt.

Der Pflanzabstand richtet sich nach der Sorte, Kartoffeln zum Lagern sollten Sie mit einem Reihenabstand von 70 cm und einem Abstand von 35 bis 40 cm in der Reihe pflanzen. Werden sie enger gelegt, bleiben die Knollen kleiner – eine für die Lagerung eher unerwünschte Eigenschaft.

Sobald das erste Grün aus dem Boden kommt, beginnen Sie, die Kartoffeln anzuhäufeln. Man häufelt bis zur Blüte der Pflanzen an bzw. bis der Grat der Hügel etwa 30 cm hoch ist. Solange noch die Gefahr von Nachtfrösten besteht, schützt die Erde auch die jungen Austriebe vor dem Erfrieren.

Kartoffeln haben einen mittelhohen bis hohen Nährstoffbedarf. Sie schätzen es, wenn im vorangegangenen Herbst Rindermist untergegraben wurde oder vor dem Auslegen Kompost aufgebracht wird. Während der Wachstumszeit kann nachgedüngt werden, allerdings sollten Sie vier Wochen vor der Ernte damit aufhören, die Knollen sind dann besser lagerfähig. Bei längerer Trockenheit sollten Sie ab Mitte/Ende Mai auch wässern, um die Knollenbildung zu unterstützen.

Sorten

Es gibt – vor allem in der südamerikanischen Heimat der Kartoffel – eine unüberschaubare Sortenvielfalt. Im regionalen Saatguthandel sind davon meist nur ein halbes Dutzend erhältlich. Wer mehr oder besondere Sorten möchte, ist auf den Versandhandel angewiesen. Zum Einlagern sind traditionell mittelspäte und späte Sorten besser geeignet, allerdings sind seit einigen Jahren auch sehr keimfeste und gut lagerfähige Frühsorten im Handel. Diese sind in Gegenden von Vorteil, wo mit dem Auftreten der Krautfäule zu rechnen ist.

'Rosara' ist eine frühe, vorwiegend festkochende, rotschalige Sorte, die unempfindlich gegen viele Krankheiten ist und sich gut lagern lässt.

'Karlena' gehört zu den frühesten mehligkochenden Sorten. Rundliche bis ovale Knolle mit genetzter Schale, hellgelbes Fruchtfleisch. Sehr unempfindlich gegen viele Kartoffelkrankheiten, auch gegen Krautfäule. Sehr gut lagerfähig.

Die mittelfrühe 'Agria' bildet sehr große Knollen und ist ertragreich. Mehligkochend, gut lagerfähig.

'Blauer Schwede', auch 'Blaue Kongo' genannt, ist eine alte, vorwiegend festkochende Sorte mit guter Lagerfähigkeit. Sie reift mittelspät.

'Highland Burgundy Red', mehlig. Diese alte Liebhabersorte hat eine unscheinbare graue bis leicht rötliche Schale und kräftig rot marmoriertes Fruchtfleisch.

Ernten

Die ersten Kartoffeln kann man 10 bis 12 Wochen nach dem Legen ernten. Schieben Sie vorsichtig die angehäufelte Erde zur Seite und begutachten Sie die Größe der Knollen, ob sich die Ernte schon lohnt. Möchten Sie die Kartoffeln einlagern, sollten Sie auf jeden Fall warten, bis das Kraut abgestorben ist, denn so lange wachsen die Knollen weiter. Lassen Sie die Kartoffeln noch zwei Wochen länger im Boden, damit die Schale ausreifen kann, das verbessert die Lagerfähigkeit.

Zum Ernten verwenden Sie die Grabegabel, mit dem Spaten ist die Gefahr größer, die Knollen zu verletzen. Bemühen Sie sich, die Kartoffeln möglichst vollständig aus dem Boden zu bekommen, denn im Folgejahr lassen sich die neu austreibenden Überreste nur schwer wieder entfernen.

Lagern

Wenn Sie den Platz nicht für andere Kulturen benötigen, können Sie die Kartoffeln zunächst noch in der Erde lassen. Dort sind sie besser aufgehoben als in einem warmen Keller. Im Herbst aber ist es an der Zeit, sie auszugraben. Denn wenn Kartoffeln Frost bekommen, werden sie ungenießbar.

Lassen Sie die Knollen an einem sonnigen Tag ein paar Stunden an der Luft abtrocknen, bevor Sie sie in den möglichst dunklen und nicht allzu trockenen Keller schaffen. Idealerweise steht ihnen dort eine Kartoffelhorde zur Verfügung. Kartoffeln neigen dazu zu keimen, wenn sie nicht bewegt werden. Klassische Kartoffelhorden sind deshalb so konstruiert, dass die untersten Knollen entnommen werden und die oberen nachrutschen und damit ihre Lage verändern. Wenn Sie eine solche Horde nicht haben, sollten Sie die Kartoffeln in Kisten packen und ab und an einmal schütteln.

Größere Mengen Kartoffeln lassen sich in einer Erdmiete lagern, auch eine eingegrabene Waschmaschinentrommel ist geeignet. Wichtig ist eine 100-prozentig sichere Abdeckung gegen Frost. Sonst bekommen die Lager-Kartoffeln einen süßlichen Geschmack.

Kochen mit Kartoffeln

Die Vielfalt der Kartoffelgerichte ist enorm. Da Kartoffeln außerdem gut lagerfähig, preisgünstig und gesund sind, waren sie lange Zeit ein Hauptlebensmittel der Deutschen. Doch heute ist der Kartoffelverzehr stark zugunsten von Nudeln zurückgegangen. Die meisten Discounter führen nur noch eine Kartoffelsorte mit der Bezeichnung »überwiegend festkochend«. Damit lassen sich leidlich alle gängigen Kartoffelgerichte herstellen. Besser gelingen diese aber, wenn die passenden Sorten verwendet werden: Für die Zubereitung von Kartoffelpüree, Suppe, Blechkartoffeln, Rösti, Klößen oder Gratins sind mehligkochende Kartoffeln besser geeignet als festkochende Sorten. Letztere hingegen eignen sich hervorragend für Kartoffelsalat und für Bratkartoffeln. Pellkartoffeln und Salzkartoffeln koche ich am liebsten aus den überwiegend festkochenden Sorten, da ich es weder mag, wenn sie beim Kochen zerfallen, noch, wenn sie speckig sind und keine Soße aufsaugen.

Bunter Kartoffelsalat

Zutaten

   2 kg festkochende Kartoffeln,
   hübsch sind bunte Sorten
   1 Paprika rot, 1 Paprika grün
   1 Glas Senf- oder Gewürzgurken
   1 Schalotte oder Zwiebel
   ½ Liter starke Gemüsebrühe
   100 ml neutrales Pflanzenöl, z. B. Rapsöl
   1 Bund Petersilie

Zubereitung

■ Die Kartoffeln mit Schale kochen, aufpassen, dass sie nicht zerfallen. Abkühlen lassen, pellen und in Scheiben schneiden. Die Paprika und die Gurken aus dem Glas in kleine Würfel schneiden und unter die Kartoffeln heben.
■ Die Gemüsebrühe aufkochen, die fein geschnittene Schalotte und das Pflanzenöl dazugeben und verquirlen.

Warm über die Kartoffeln gießen und ab und an einmal vorsichtig durchmischen. Kurz vor dem Servieren die Petersilie fein hacken und untermengen, evtl. mit etwas Salz abschmecken.

Wir essen den Kartoffelsalat traditionell an Heilig-abend mit Bockwurst oder Wiener Würstchen. Mit bunten Kartoffeln ist er ein absoluter Hingucker und super für die Silvesterparty. Der Geschmack ist mit gelben Kartoffeln allerdings genauso gut.

Kartoffelsuppe

Zutaten

1 mitteldicke Stange Lauch
(ersatzweise 1 Zwiebel)
gekörnte Gemüsebrühe
750 g mehligkochende Kartoffeln
50 g Butter
Muskat
frischer Schnittlauch
Salz

Zubereitung

■ Den Lauch putzen, in feine Streifen schneiden und in der Butter leicht anbräunen. Mit 1 Liter Wasser ab-löschen und zum Kochen bringen, Gemüsebrühe nach Packungsanweisung einrühren.
■ Die Kartoffeln schälen und würfeln, in den Topf geben. Kochen, bis die Kartoffeln zu zerfallen beginnen, das dauert etwa 20 bis 30 Minuten. Pürieren und mit etwas Muskat und Salz abschmecken.
■ Die Kartoffelsuppe auffüllen und mit etwas gehacktem Schnittlauch überstreuen.

Diese Suppe lässt sich vielfältig variieren, man kann nach dem Pürieren gegen Ende der Kochzeit Käse-würfel, Krabben, gewürfelten Kochschinken oder auch gebratene Pilze dazugeben.

Herbstliche Bratkartoffeln

Zutaten

750 g festkochende Kartoffeln
1 Zwiebel
150 g getrocknete Tomaten in Öl
2 Zweige Rosmarin
150 g schwarze Oliven (am besten französische mit Stein)
Olivenöl
Pfeffer
Salz

Zubereitung

■ Die Kartoffeln schälen und in dünne Scheiben schnei-den. In einer großen Pfanne Olivenöl erhitzen und den Pfannenboden mit den Kartoffeln belegen. Wenn diese auf einer Seite gebräunt sind, umdrehen, aber nicht ganz braun werden lassen.
■ Die gebräunten Kartoffeln zur Seite schieben und eine neue Portion Kartoffelscheiben braten. Nach und nach mit den Kartoffeln auffüllen, bis alle in der Pfanne sind. Die schon gebräunten Kartoffeln müssen oben liegen, damit sie nicht schwarz werden.
■ Die Zwiebel fein würfeln und ebenfalls anbraten. Die getrockneten Tomaten in kleine Stücke reißen und den Rosmarin vom Stiel rebeln. Wenn die Kartoffeln allseits gebräunt sind, Tomaten, Rosmarin und Oliven zum Anwärmen kurz dazugeben, salzen und pfeffern – fertig!

Bratkartoffeln müssen nicht immer mit Speck kombiniert werden, die Oliven sorgen bei diesem veganen Gericht genauso gut für eine herzhafte Note.

Knoblauch

Knoblauch (*Allium sativum*) wird zwar schon im Sommer geerntet, hält sich aber bei guten Lagerbedingungen bis zum kommenden Frühjahr.

Anbauen

Wählen Sie für den Knoblauch einen sonnigen Platz. Er mag es eher trocken und humos, ist aber alles in allem anspruchslos. Stecken Sie ihn in einem Abstand von etwa 10 cm. Zwischen den Reihen halten Sie 25 cm ein. Wechseln Sie jährlich den Standplatz, um Erkrankungen zu verhindern. Es bietet sich an, den Knoblauch mit ins Erdbeerbeet zu stecken, da er dort vorbeugend gegen Grauschimmel wirken soll.

Auf Stickstoffdüngung reagiert Knoblauch mit deutlich höherem Ertrag. Allerdings ist das Aroma von weniger stark gedüngtem Knoblauch intensiver, und er lässt sich auch länger aufbewahren. Achten Sie darauf, dass die Pflanzen anfangs nicht von Unkräutern bedrängt werden. Gießen ist nur in extremen Trockenzeiten notwendig, zu viel Nässe schadet eher.

Sorten

Es gibt verschiedene Knoblauchsorten, im Handel sind aber meist nur die sogenannten »Softneck«-Sorten (*Allium sativum* var. *pekinense*) erhältlich. Für den Anbau in kühlerem Klima sind aber »Hardneck«-Typen (*Allium sativum* var. *ophioscorodon*) geeigneter, diese sind auch unter der Bezeichnung »Schlangenknoblauch« oder »Rocambole« bekannt.

Ernten

Der Knoblauch ist erntereif, wenn sich sein Laub gelb zu verfärben beginnt. Nun sollte man ihn auch nicht mehr länger im Boden lassen, denn er wird anfällig für Pilzerkrankungen und ist damit nicht mehr so gut lagerfähig. Ziehen Sie die Knoblauchzwiebeln nicht einfach aus dem Boden, sondern lockern Sie dazu die Erde mit der Grabegabel. Bei der Ernte sollten die dünnen Häutchen, welche die einzelnen Zehen umgeben, noch intakt sein. Lassen Sie den Knoblauch nach der Ernte noch einige Zeit an einem luftigen Platz trocknen.

Lagern

Am besten lagern Sie Knoblauch dunkel und trocken wie → Zwiebeln, nicht aber im Kühlschrank, denn dort verliert er an Aroma. Wenn man das Laub nicht entfernt, kann man den Knoblauch zu Zöpfen flechten, was dekorativ aussieht.

Kochen mit Knoblauch

Im Mittelmeerraum und auch in Osteuropa wird traditionell viel Knoblauch verwendet. Er passt zu vielen Fleisch- oder Gemüsegerichten. Wenn man eine Salatschüssel mit einer angeschnittenen Knoblauchzwiebel ausreibt, gibt das ein ganz dezentes, feines Aroma. Wird Knoblauch über längere Zeit mitgegart, verliert das Aroma an Intensität, er schmeckt milder. Zu heiß gebraten wird er bitter.

Roher Knoblauch – z.B. in Tsatsiki oder in einem Salat – schmeckt hingegen sehr intensiv und hinterlässt einen länger andauernden Nachgeschmack sowie die typischen Ausdünstungen, die von all jenen wahrgenommen werden, die gerade keinen Knoblauch gegessen haben. Der Konsum von Milch kann diesen Geruch verringern.

Knoblauch-Kräuterbutter

Zutaten
  1 **Knoblauchzehe**
  1 **kleine Handvoll Kräuter (was gerade so da ist)**
  ¼ **Päckchen Butter**
  Salz

Zubereitung
■ Den Knoblauch in eine kleine Schüssel pressen, die Kräuter fein hacken und darübergeben, ein wenig Salz dazu und mit der zimmerwarmen Butter vermengen. Das geht gut mit einer Gabel.

Knoblauchbutter ist schnell gemacht und schmeckt immer gut: über Gemüse, zum Steak oder einfach auf ein frisches Brot gestrichen.

Knollenziest

Knollenziest *(Stachys affinis)* ist hierzulande kaum bekannt, dabei kann man die an das Michelin-Männchen erinnernden Knöllchen den ganzen Winter über frisch aus dem Garten holen.

Anbauen

Zwischen Februar und April werden Mutterknöllchen 5 bis 10 cm tief (je nachdem, wie schwer der Boden ist) gelegt. Man kann sie in Horsten zu je drei Knollen anordnen, die dann jeweils 30 bis 40 cm Abstand zueinander haben sollten. Oder aber man legt in einfachen Reihen mit einem Abstand von 20 cm zwischen den einzelnen Knollen und 40 cm zwischen den Reihen. Der Knollenziest wächst auch im Halbschatten, starke

Mittagssonne bekommt ihm eher nicht so gut. Der Nährstoffbedarf ist mittelhoch. Bis zum Erscheinen des Grüns muss man das Beet frei von Unkraut halten, danach ist keine besondere Pflege mehr nötig.

Sorten

Es ist nur eine Sorte Knollenziest bekannt. Ein europäischer Verwandter ist der Sumpfziest, dessen Wurzeln als Wildgemüse verzehrt werden können.

Ernten

Knollenziest wird geerntet, indem man den Boden mit der Grabegabel aushebt und die kleinen Knollen ausliest. Ab Ende November ist dies den ganzen Winter über möglich, sofern der Boden offen ist.

Lagern

Am besten halten die Knollen im Boden frisch. Da Knollenziest vollkommen frosthart ist, kann man ihn bedarfsweise an frostfreien Tagen ausgraben. Ist der Boden länger durchgefroren, kann man einen großen schwarzen Kübel über der Stelle platzieren, wo man graben möchte – so wird die Erde wärmer. Auch eine Lage Stroh kann helfen.

Kochen mit Knollenziest

Im Garten macht Knollenziest keine Mühe, wohl aber in der Küche, denn es ist etwas aufwendig, die kleinen Knöllchen mit der Bürste von anhaftender Erde zu befreien. Er ist aber so lecker, dass sich das lohnt. Man kann ihn roh einfach nur so knabbern oder aber einem Salat beigeben. Nur in Butter bei milder Temperatur gebraten und leicht gesalzen, kommt der eigene Geschmack der Knollen am stärksten zur Geltung. Es wäre schade, dieses zarte Feingemüse allzu weich zu kochen. Knollenziest passt auch zu Mischgemüse.

Knollenziest im Wok mit Gemüse

Zutaten

je 250 g Knollenziest, Möhren,
Porree, Paprika, Chinakohl
Rapsöl raffiniert
1 kleines Stück Ingwer
Chinagewürzmischung oder Currypulver
Salz

Zubereitung

■ Das Gemüse waschen, putzen und in kleine dünne Streifen schneiden – der Knollenziest darf ganz bleiben. Das Öl in einem Wok oder einer sehr großen Pfanne er- hitzen. Nun wird nach und nach eine Handvoll Gemüse gebraten, beginnen Sie mit dem Gemüse, das die längste Garzeit hat, wie z. B. mit den Möhren. Wenn die erste Portion angebraten ist, rückt sie an den Rand des Woks, und die nächste Portion kommt hinterher. Immer aufpassen, dass nichts schwarz wird, aber das Gemüse auch nicht beginnt, Wasser zu ziehen – das geschieht, wenn die Temperatur zu gering ist oder zu viel kaltes Gemüse auf einmal in den Wok kommt.

■ Ganz am Ende gibt man den sehr fein geschnittenen Ingwer dazu, die Menge je nach Geschmack wählen. Salzen und mit der Gewürzmischung abschmecken.

Die verschiedenen Gemüse können auch gegen andere Arten ausgetauscht werden. Dünne Streifen vom Hähnchen- oder Putenfilet lassen sich auch gut im Wok mitbraten. Dazu passt frisch gedämpfter Basmatireis oder auch normaler Parboiled Reis.

Kohlrabi

Die zum Einlagern geeigneten Kohlrabisorten bilden sehr große, schwere Köpfe – die üblichen faustgroßen Kohlrabi (*Brassica oleracea* var. *gongylodes*) werden nur von Frühjahr bis Herbst angebaut.

Anbauen

Zum Einlagern sind nur Spätkohlrabi geeignet. Diese werden im Mai ausgesät und im Juni oder Juli an ihren endgültigen Platz verpflanzt. Sie eignen sich gut als Nachkultur für Kartoffeln, Dicke Bohnen oder Erbsen. Spätkohlrabi werden deutlich größer als die verbreiteten Sorten und müssen mit einem Abstand von 50 × 50 cm ausgepflanzt werden. Sie brauchen zum Start und noch einmal während der Wachstumszeit eine Düngung – die letzte sollte bis Ende August erfolgen. Kohlrabi benötigen eine gleichmäßige Wasserversorgung, damit sie nicht platzen. Es hilft, im Kohlrabi-Beet zu mulchen, um die Feuchtigkeit konstant zu halten. Hacken Sie vorsichtig zwischen den Pflanzen, um den Boden zu lockern.

Sorten

'Kossak' F$_1$ ist eine späte Sorte mit längerer Entwicklungszeit. Die Kohlrabi werden bis zu 3 kg schwer, bleiben aber zart dabei. Sie lassen sich länger lagern als die frühen Sorten.

'Superschmelz' wurde für die Herbsternte gezüchtet. Er lässt sich im Spätherbst gut einkellern oder in einer Erdmiete lagern. Die Knollen werden bis zu 8 kg schwer.

Ernten

Für den Sofortverzehr kann Kohlrabi jederzeit geerntet werden, es muss keine bestimmte Größe erreicht werden. Pflanzen zum Einlagern sollten aber bis zum Frostbeginn auf dem Beet bleiben, sie entwickeln mit der Zeit eine sehr harte Haut, die sie später vor dem Austrocknen schützt. Im Gegensatz zu den kleineren Kohlrabisorten werden die Lagersorten auch bei längerer Standzeit nicht holzig.

Lagern

Am besten halten Kohlrabi auf dem Beet frisch, solange es nicht friert. Temperaturen um die Null Grad, einen Morgen mit Raureif – das halten sie aus. Sobald es aber auf dem Thermometer weiter nach unten geht, müssen sie geerntet und eingelagert werden. Das Blattwerk wird vorher abgedreht, die zarten Blätter sind sehr vitaminreich und lecker und können in die Suppe wandern.

Die Knollen halten gut, wenn man sie in Sand setzt oder in einer Erdmiete oder Waschmaschinentrommel bei hoher Luftfeuchtigkeit lagert. Die großen 'Superschmelz'-Knollen können Sie auf diese Weise bis zu drei, vier Monate lang aufbewahren. Sind sie aber erst einmal angeschnitten, müssen Sie verbraucht werden. Wir frieren dann vorgekochte Suppe oder blanchierte Kohlrabischeiben für Aufläufe ein.

Kochen mit Kohlrabi

In Salzwasser gegarte und mit Béchamelsoße oder etwas Butter servierter Kohlrabi ergibt eine klassische Beilage zu Fleisch- und Fischgerichten. Er macht sich auch gut in gemischten Gemüsepfannen und -suppen. Für Aufläufe mit Kohlrabi gart man dünne Scheiben in Salzwasser ein paar Minuten vor, damit sie im Backofen nicht zu lange brauchen, um weich zu werden. Gorgonzola und Salbei harmonieren bestens mit Kohlrabi in einem Auflauf. Wer Lust auf handfeste und gut sättigende Gerichte hat, sollte einmal vorgegarte Kohlrabiwürfel zusammen mit Zwiebeln und gemischtem Hack in einer großen Pfanne braten.

Als Rohkost zum Knabbern ist Kohlrabi bei Kindern beliebt. Geraspelt und mit Schnittlauch, Essig und Öl angemacht, ist er ein leckerer Begleiter zum Wurstbrot oder Rührei.

Kohlrabi-Süppchen mit Nordseekrabben

Zutaten

    2 mittelgroße Zwiebeln
    gekörnte Gemüsebrühe
    1 kg Kohlrabi
    200 g Schlagsahne
    100 g Nordseekrabbenfleisch
    2 EL Pflanzenöl

Zubereitung

■ Die Zwiebeln schälen, würfeln und in etwas Pflanzenöl anbraten. Ein Liter Wasser dazugeben und zum Kochen bringen – dann die gekörnte Gemüsebrühe einrühren.
■ Den geschälten und gewürfelten Kohlrabi in der Brühe weich kochen, das dauert etwa 20 bis 30 Minuten. Die Schlagsahne dazugeben und die Suppe pürieren.
■ Die Nordseekrabben abspülen und in der Suppe kurz erwärmen, aber nicht mehr kochen.

Das Rezept verträgt durchaus die doppelte Menge Krabben. Es lässt sich auch mit geräuchertem Fisch abwandeln – wir mögen es gerne mit Stremellachs. Mit geräucherter Makrele schmeckt die Suppe sehr herzhaft. Servieren Sie frisches Brot dazu.

Kohlrabi-Kartoffel-Auflauf

Zutaten

    700–800 g Kohlrabi
    500 g Kartoffeln
    200 ml Milch
    3 Eier
    100 g mittelalten Gouda
    Pflanzenöl oder Margarine
    Pfeffer
    Muskat
    Salz

Zubereitung

■ Den Kohlrabi und die Kartoffeln schälen und in dünne Scheiben schneiden. In etwas Salzwasser 10 Minuten lang garen, abgießen und abtropfen lassen. Eine feuerfeste Form ausfetten, die Kartoffel- und Kohlrabischeiben abwechseln darin auslegen.
■ Die Milch mit den Eiern verquirlen, mit Muskat, Pfeffer und Salz würzen und das Gemüse damit übergießen. Den Käse reiben und oben drüberstreuen.
■ Der Auflauf kommt 30 Minuten bei 200 °C auf mittlerer Schiene in den Backofen. Wer den Käse gerne gebräunt mag, kann den Auflauf auch noch einen Moment länger backen lassen.

Wir essen dazu gerne grünen Salat oder einen gemischten Rohkostsalat. Wer Wurst oder Schinken mag, kann den Auflauf gut damit anreichern.

Kürbis

Kürbis – ein Wintergemüse? Viele denken bei den schönen bunten Früchten eher an Erntedank, an Herbsttage und an Halloween. Aber auch wenn der Kürbis (*Cucurbita*-Arten) dann schon schmeckt, so eignet er sich doch hervorragend für die Winterküche. Ein großer Pluspunkt: Er lässt sich ohne irgendeinen Aufwand lagern, ein nicht allzu warmer Platz im Haus reicht aus.

Anbauen

Wenn Sie im Herbst gut ausgereifte Kürbisse ernten möchten – und nur diese halten sich lange –, sollten Sie Mitte April damit beginnen, Jungpflanzen im Haus vorzuziehen. Nach draußen ins Beet dürfen sie erst, wenn keine Nachtfröste mehr zu befürchten sind. Sorten mit kurzer Entwicklungszeit können Sie auch direkt ins Freiland säen.

Wo viele Schnecken ihr Unwesen treiben, schützt ein Schneckenkragen oder Schneckenzaun die Jungpflanzen effektiv. Kürbis ist ein Starkzehrer und schätzt eine ordentliche Kompostgabe oder andere Art der Düngung, die Sie im Laufe der Wachstumszeit wiederholen sollten. Achten Sie darauf, dass der Boden genügend feucht ist, und gießen Sie bei Bedarf kräftig.

Die meisten Kürbissorten haben einen hohen Platzbedarf, einen Quadratmeter je Pflanze sollte man rechnen. Die Ranken können mehrere Meter lang werden – überlegen Sie sich, wo Sie diese hinleiten möchten. Man kann sie auch im Kreis legen.

Sorten

Für die Lagerung im Winter sind kleinere bis mittelgroße Kürbisse mit einem Gewicht von einem bis anderthalb Kilo am besten, da sie auf einmal für eine Mahlzeit verwendet werden können. Bei großfrüchtigen Sorten wie 'Gelber Zentner' hat man das Problem, was man mit einem angeschnittenen Kürbis anfängt. Die nicht unmittelbar verwerteten Teile muss man einfrieren oder einkochen.

Gut geeignet für den Wintervorrat sind kleinfrüchtige Sorten, zu denen auch der beliebte 'Hokkaido' gehört. Sie haben Reifezeiten von 90 bis 100 Tagen, wiegen selten mehr als zwei Kilo und halten sich auf dem Lager bis zu einem halben Jahr. Noch besser lagerfähig ist die Sorte 'Butternut', diese benötigt aber auch längere Reifezeiten und ist von daher nur für warme Lagen zu empfehlen, in denen nicht die Gefahr früher Herbstfröste besteht.

Ernten

Wann ein Kürbis erntereif ist, ist nicht immer ganz leicht zu erkennen. Ein guter Anhaltspunkt ist, wenn der Stiel verholzt. Denn dann hört die Pflanze damit auf, die Frucht weiter zu versorgen. Spätestens wenn es erste Nachtfröste gibt, müssen alle Früchte abgenommen werden, denn sie vertragen keine Minusgrade und beginnen sonst bald zu faulen. Auch wenn sich unreif geerntete Kürbisse nicht ganz so lange halten wie ausgereifte Exemplare, sind sie doch in jedem Reifezustand essbar. Sorgen Sie sich nicht, wenn Ihr Kürbis kleinere Verletzungen hat, in der Regel verschorfen diese. Sie sollten aber öfter einmal kontrollieren, ob nicht doch Fäulnis oder Schimmel an einer solchen Stelle beginnen.

Lagern

Kürbisse dürfen nicht an kalten oder feuchten Orten aufbewahrt werden. Ideal ist ein mäßig temperierter Raum, z. B. das Treppenhaus oder ein schwach beheiztes Zimmer. Legen Sie die Früchte auf Holz oder auf Pappen, auf keinen Fall auf Stein oder Fliesen, da es dort zu Kondenswasserbildung kommen kann. Die Kürbisse

sollten nebeneinanderliegen und sich nicht berühren. Alle zwei, drei Wochen müssen Sie kontrollieren, ob es zu Fäulnis oder Schimmel kommt. Ist nur eine kleine Stelle betroffen, kann diese großzügig ausgeschnitten werden, und der Rest der Frucht ist noch verwendbar.

Kochen mit Kürbis

Vor noch nicht allzu langer Zeit führte Kürbis ein Schattendasein in der Küche: Üblich war es, ihn ähnlich wie Gewürzgurken süßsauer einzulegen. Manche Hausfrauen kochten auch Kürbismarmelade. Ansonsten galt er als Viehfutter. Mit dem Aufkommen der ökologischen Landwirtschaft wurde das gesunde Gemüse neu entdeckt. Manch ein leuchtend orangefarbener 'Hokkaido' fand erstmals mit einer Bio-Gemüsekiste den Weg in die Küche. Er ist nicht zuletzt deshalb so beliebt geworden, weil er mitsamt der Schale verarbeitet werden kann.

Ideal eignet sich Kürbis für wärmende Suppen, da das Fruchtfleisch bei längerem Kochen fast von selbst zerfällt. Auch in Backofengerichten macht er sich gut. Ich schätze ihn als Füllung für eine Quiche oder auch einfach so in Scheiben auf dem Blech gebacken. Wenn Sie ein Mischgemüse mit Kürbis zubereiten, müssen Sie bedenken, dass er schneller zerfällt als die meisten anderen Gemüsearten. Man sollte ihn deshalb erst etwas später hinzufügen.

Kürbissuppe mit Ingwer

Zutaten

1 Zwiebel
1 Hokkaidokürbis (ca. 1 kg, es gehen auch andere Sorten)
500 g mehligkochende Kartoffeln
1 Paket Frischkäse (200–250 g)
1 daumengroßes Stück Ingwer
Pflanzenöl
Currypulvermischung, evtl. Chili, Salz

Zubereitung

■ Die Zwiebel schälen, würfeln und in Öl glasig werden lassen. In mittelgroße Stücke geschnittenen Kürbis und Kartoffeln, ebenfalls grob gewürfelt, dazugeben und mit etwa 1 Liter Wasser aufgießen. Je nachdem, wie dick Sie die Suppe mögen, kann es auch weniger sein.
■ Die Suppe kochen, bis das Gemüse weich ist. Den Frischkäse und die Gewürze dazugeben, alles pürieren.
■ Den Ingwer schälen und in möglichst kleine Stückchen schneiden, in die Suppe geben und noch einmal fünf Minuten ziehen lassen. Je nach Geschmack mit Chili schärfen und salzen.

Im Winter essen wir die Kürbissuppe bestimmt alle zwei Wochen – sie ist fix gekocht und wärmt so schön von innen!

Kürbis vom Blech

Zutaten

1 kg Kürbisfleisch
Olivenöl
Salz
Zitronensaft

Zubereitung

■ Den Kürbis schälen und in etwa 1,5 cm dicke Scheiben schneiden. Ein Backblech großzügig mit Olivenöl einfetten und die Kürbisstücke darauflegen, leicht salzen – ideal ist grobes Meersalz.
■ Im auf 180 °C vorgeheizten Ofen etwa ½ Stunde backen lassen – das Gemüse soll weich werden und darf auch etwas bräunen, aber keine schwarzen Stellen bekommen.

Schmeckt gut mit Zitronensaft beträufelt zu Brot – besonders lecker zu Zwiebelbaguette – oder als Beilage zu dunklem Fleisch.

Kürbis-Schupfnudeln

Zutaten

100 g mehligkochende Kartoffeln
300 g Kürbis
1 Ei
200 g Mehl
Salz
Butter
100 g Pecorino (oder Parmesan)
Pfeffer

Zubereitung

■ Die Kartoffeln und den Kürbis in Stücke schneiden und in Salzwasser weich kochen. Abtropfen und auskühlen lassen. Durch eine Püreepresse drücken oder mit dem Kartoffelstampfer zu Mus machen (aber nicht mit dem Mixer oder Pürierstab, denn dann wird die Masse zu fein und klebrig). Mit dem Ei, dem Mehl und einem knappen Teelöffel Salz zu einem geschmeidigen Teig verkneten. Ist der Teig noch zu dünn, kann Mehl dazugegeben werden.

■ Einen großen Topf mit Salzwasser aufsetzen. Aus dem Teig auf einem bemehlten Brett eine ca. 3 cm dicke Rolle formen und in gleichmäßige kleine Stücke schneiden. Daraus zunächst eine Kugel formen und diese dann zu der länglichen Schupfnudel mit den auslaufenden Enden rollen.

■ Die Schupfnudeln in kleinen Portionen ins kochende, leicht gesalzene Wasser geben. Wenn sie aufsteigen, können sie herausgeschöpft werden, abtropfen lassen. Butter in einer Pfanne erhitzen und die Schupfnudeln darin anbräunen, bis sie leicht knusprig sind.

■ Auf dem Teller anrichten und den Käse darüberhobeln, nach Geschmack pfeffern.

Dieses Rezept braucht etwas Zeit. Sie können es gut variieren: Statt des Kürbisses kann man auch nur Kartoffeln nehmen oder Kräuter und Gewürze hinzufügen. Die Schupfnudeln ergeben zusammen mit einem frischen Salat ein gutes Hauptgericht.

Kürbismuffins mit Aprikose

Zutaten

300 g Mehl
1 Päckchen Backpulver
75 g Zucker
300 g Kürbisfleisch
150 g getrocknete Aprikosen
(am besten Softaprikosen)
100 g gestiftete Mandeln
75 g Rapsöl (oder ein Nussöl)
3 Eier
Salz

Zubereitung

■ Das Mehl in eine Rührschüssel schütten, das Backpulver und den Zucker sowie eine Prise Salz unterrühren. Das Kürbisfleisch grob reiben und in die Schüssel geben.

■ Die Aprikosen in kleine Würfel schneiden und zusammen mit den Mandeln, dem Öl und den Eiern zu den anderen Zutaten fügen. Mit der Gabel verrühren, bis sich ein klebriger Teig bildet. Ist der Teig zu trocken, hilft ein Schuss Milch.

■ Ein Muffinblech ausfetten und den Teig auf die 12 Mulden verteilen. Bei 180 °C auf mittlerer Schiene etwa 20 bis 25 Minuten backen – die Muffins sollen oben etwas gebräunt sein.

■ Herausnehmen und noch ein paar Minuten in der Form lassen, dann stürzen und auf einem Kuchengitter vollständig abkühlen.

■ Sie schmecken frisch am besten, aber wegen der Kürbisanteile sind sie auch am Folgetag nicht trocken.

Kürbis eignet sich gleichermaßen wunderbar für süße Zubereitungsweisen – diese hier ist ganz einfach und geht schnell.

Möhre

Lagermöhren *(Daucus carota* subsp. *sativus)* halten sich im Einschlag und in milden Lagen auf dem Beet den ganzen Winter über frisch.

Anbauen

Möhren für den Verzehr in Herbst und Winter säen Sie am besten im April oder Mai aus. Sie brauchen einen gut gelockerten Boden, bei Lehmboden sollte man doppelt spatentief umgraben. Lagermöhren benötigen einen Abstand von 25 cm zwischen den Reihen und etwa 5 cm zwischen den einzelnen Pflanzen. Stehen sie zu dicht, bleiben sie klein. Große Exemplare halten auf dem Lager besser frisch und werden nicht so schnell weich. In vielen Gärten ist die Möhrenfliege ein Problem, sie legt ihre Eier an die Wurzelhälse, und wenn die Maden geschlüpft sind, fressen sie Gänge in die Wurzeln. Wenn dies passiert, droht Fäulnis auf dem Lager. Vorbeugend können Sie das Möhrenbeet mit einem Gemüseschutznetz bedecken, am besten bauen Sie dazu einen niedrigen Tunnel. Mischkultur mit Zwiebeln oder Tagetes hilft bei geringem Befallsdruck, windige Lagen sind besser als eine windstille Ecke im Garten.

Sorten

Es gibt eine große Sortenvielfalt. Für die Lagerung bzw. Überwinterung sind Herbstsorten wie 'Rote Riesen', 'Lange rote Stumpfe ohne Herz' und 'Rothild' gut geeignet. Minusgrade draußen überstehen die Sorten 'Lobbericher' und 'Küttiger Rüebli' gut.

Ernten

Berücksichtigen Sie das Klima in Ihrer Region bei der Frage nach der besten Erntezeit. In milden Gegenden,

wo nur für wenige Tage Fröste von unter –5 °C zu erwarten sind, können Sie die Möhren bedenkenlos auf
dem Beet stehen lassen und bedarfsweise ernten. Wird
es bei Ihnen oft oder länger kälter, so empfehle ich, die
Möhren vor den ersten Dauerfrösten zu ernten und
einzulagern. Achten Sie dabei darauf, die Wurzeln nicht
zu verletzen. Das Kraut wird abgedreht. Wenn Sie Wühlmäuse im Garten haben, kann es sein, dass die Tiere
von unten die Wurzeln abfressen, ohne dass Sie etwas
von oben sehen. Ich würde sie in dem Fall vorsichtshalber im Spätherbst vom Beet nehmen.

Lagern

Befreien Sie die Möhren grob von anhaftender Erde, aber
waschen Sie sie nicht. Prüfen Sie die Wurzeln vor dem
Einlagern auf Verletzungen, Fäulnisstellen und Fraßgänge.
Betroffene Möhren nehmen Sie am besten zur Seite und
verbrauchen sie bald. Gesunde Wurzeln können Sie im
Keller oder in der Garage in Sand eingeschlagen wochen-
lang frisch halten. Für sehr große Mengen eignet sich die
Lagerung in der Erdmiete. Kleinere Mengen passen gut
in eine eingegrabene Waschmaschinentrommel.

Kochen mit Möhren

Möhren sind ein absolutes Alltagsgemüse. Als klassische
Beilage in Salzwasser gegart, als Bestandteil einer bunten Gemüsesuppe oder als Rohkost zusammen mit
Äpfeln sind sie in wohl jedem Haushalt bekannt. Manch
einem mögen sie deshalb als langweilig erscheinen.
Aber es gibt noch eine ganze Reihe anderer Dinge, die
sich mit Möhren anstellen lassen.

Schon allein die Zubereitungsart macht einen großen
Unterschied: In Wasser gegarte Möhren haben ein bisschen was von Schonkost oder Babynahrung. Das Aroma
bleibt intensiver, wenn die Wurzeln in Pflanzenöl angebraten werden. Drehen Sie aber bald die Temperatur
herunter und rühren Sie öfter um, denn Möhren werden
schnell schwarz.

Marinierte Möhren mit Ingwer und Orange

Zutaten

500 g Möhren
1 Bio-Orange
2 EL Zitronensaft
1 daumengroßes Stück Ingwer
1 EL Honig
Salz
neutrales Pflanzenöl

Zubereitung

■ Die Möhren in feine Streifen schneiden und in dem
Öl braten. Sie sollen noch bissfest sein und nicht zu
braun werden, aber auch kein Wasser ziehen.

■ Die Orange gründlich waschen und mit einer feinen
Reibe ein wenig von der Schale abreiben, ca. ein ge-
häufter Teelöffel reicht. Den Ingwer schälen und in sehr
feine Stückchen schneiden. Mit dem Saft der Früchte,
dem Honig und einem halben Teelöffel Salz verrühren

und über die noch warmen Möhrenstreifen geben. Lassen Sie alles über Nacht durchziehen, bei Gelegenheit einmal wenden.

Dieses Gericht sollten Sie am besten am Vortag zubereiten. Marinierte Möhren schmecken raffiniert und eignen sich gut als Antipasto oder als Mitbringsel zum Buffet.

Möhrenbratlinge zu Linsenrisotto

Zutaten

2 Zwiebeln
50 g Château-Linsen (ersatzweise andere kleine braune Linsen)
400 ml Wasser
150 g Rundkornreis
300 g Möhren
100 g Vollkornmehl
100 g Mehl Type 405
50 g gehackte Mandeln
Kurkuma
Kreuzkümmel
Pflanzenöl
Salz

Zubereitung

■ Die Zwiebeln sehr fein schneiden. Eine Hälfte davon in etwas Pflanzenöl andünsten, die Linsen dazugeben, sobald die Zwiebeln zu bräunen beginnen. Mit 400 ml Wasser auffüllen und ca. ein flach gestrichener Teelöffel Salz dazu. Wenn das Wasser kocht, kommt der Reis hinzu. Nochmals aufkochen, dann auf kleiner Flamme weiterköcheln lassen. Sobald Reis und Linsen so weit gequollen sind, dass man kein stehendes Wasser mehr sieht, vom Herd nehmen und noch einige Minuten warm stehen lassen.
■ Während der Risotto kocht, die fein geriebenen Möhren mit der anderen Hälfte der Zwiebelstückchen vermengen, das Mehl und die Mandeln dazugeben und die

Gewürze unterrühren. In kleinen Portionen Wasser dazugeben, bis sich die Masse zu einem festen Teig verarbeiten lässt – Konsistenz wie Hackfleisch.
■ Aus der Masse kleine Buletten formen und diese von beiden Seiten bei mittlerer Hitze in einer Pfanne mit Pflanzenöl braten. Vorsicht, die Bratlinge werden schnell schwarz!

Dazu schmeckt Joghurt mit Salz und ein paar klein geschnittenen Minzeblättern, es können aber auch andere Kräuter sein. Gemüsebratlinge mögen Kinder meist gerne, und sie sind eine gesunde Alternative zu Fleischgerichten.

Möhren-Linsen-Rohkost

Zutaten

50 g Beluga-Linsen (oder andere kleine, dunkle Linsen)
3 große Möhren
½ Knoblauchzehe
1 TL Senf
1 TL Zucker
1 EL Weinessig
3 EL Rapsöl
Salz

Zubereitung

■ Für die Möhrenrohkost die Beluga-Linsen in 150 ml Wasser ca. 30 Minuten weich kochen – das kann man auch gut am Vortag machen.
■ Die Möhren grob raspeln. Den Knoblauch pressen und zusammen mit dem Senf, Zucker, Essig, Öl und etwas Salz zu einer Vinaigrette vermischen. Über die geriebenen Möhren geben, die Linsen dazu und alles vermengen. Darf ruhig ein bisschen durchziehen. Frische Kräuter – sofern vorhanden – passen gut dazu.

Palmkohl

Der Palmkohl *(Brassica oleracea* var. *palmifolia)* ist ein enger Verwandter des → Grünkohls, doch etwas weniger frosthart. Er sieht sehr dekorativ aus und eignet sich auch fürs Staudenbeet.

Anbauen

Palmkohl ist gut geeignet als Nachkultur zu Kartoffeln oder Dicken Bohnen. Säen Sie ihn im Mai, spätestens Juni auf einem Vorziehbeet oder in Töpfen an und

verpflanzen Sie ihn nach vier bis sechs Wochen auf den endgültigen Platz. Der Abstand sollte zwischen den Reihen ebenso wie in den Reihen 40 bis 50 cm betragen. Auch Direktaussaat ist möglich.

Solange die Pflanzen klein sind, müssen sie regelmäßig gewässert werden, Hacken verhindert die Konkurrenz durch Unkräuter und verringert die Verdunstung der Feuchtigkeit im Boden. Palmkohl ist ein Starkzehrer und sollte zu Beginn stickstoffbetont wie mit Hornspänen gedüngt werden, auch eine Kompostgabe ist willkommen. Die Pflanzen kommen auch gut mit mineralischem Dünger zurecht. Spätestens sechs Wochen vor der Ernte sollte man mit der Düngung aufhören, damit die Blätter nicht zu viel Nitrat einlagern.

Sorten

Hierzulande sind keine unterschiedlichen Sorten bekannt, am häufigsten ist 'Cavolo nero'. Palmkohl wird auch unter der Bezeichnung »Toskanischer Kohl« gehandelt.

Ernten

Palmkohl können Sie jederzeit ernten, sofern Ihnen die Blätter bereits groß genug erscheinen. Dies ist meist ab September der Fall. Wenn Sie die äußeren Blätter abbrechen oder schneiden, wachsen innen neue Blätter nach.

Lagern

Am besten hält der Palmkohl draußen auf dem Beet frisch. Er verträgt leichte Minusgrade, aber keinen lang andauernden Kahlfrost. Vorübergehend können Sie ihn mit Vlies oder Folie schützen. Einzelne Blätter kann man im Kühlschrank ein paar Tage aufbewahren.

Kochen mit Palmkohl

Sie können den Palmkohl genauso verarbeiten wie den
→ Grünkohl. Der Geschmack ist etwas weniger derb. In
Italien dünstet man ihn auch in Olivenöl und mit einer
ordentlichen Portion Knoblauch, reiben Sie noch etwas
Parmesan oder Pecorino darüber – so schmeckt er gut
zu Pasta. Ein paar in Streifen geschnittene Palmkohlblät-
ter machen sich prima in Mischgemüse oder einem winterlichen Eintopf.

Palmkohlsuppe mit Polenta

Zutaten

etwa 150 g Blitz-Polenta
Butter
1 Stange Lauch, 150 g Möhre
gekörnte Gemüsebrühe
ein paar Blätter Palmkohl

Zubereitung

◼ 300 ml Wasser leicht salzen und zum Kochen bringen. Die Polenta unter Rühren einstreuen und noch
zwei, drei Minuten weiterrühren, einen Stich Butter
dazugeben und noch einmal weiterrühren. Die Masse
soll eine solche Konsistenz bekommen, dass man
daraus Bällchen formen kann. Die dazu nötige Menge
an Polenta ist je nach Sorte verschieden.
◼ Den Lauch und die Möhren putzen, in Scheiben
schneiden und in etwas Butter andünsten, mit 1½ l
Wasser ablöschen. Wenn das Wasser kocht, die gekörnte
Brühe einstreuen.
◼ Den Palmkohl in Streifen schneiden und dazugeben.
Die Suppe etwa 20 Minuten kochen lassen, bis die
Möhren weich sind. Aus der Polentamasse mit ange-
feuchteten Händen Bällchen formen und diese noch
etwa 5 Minuten in der Suppe ziehen lassen.

*Das Rezept kann jederzeit mit anderen Gemüse-
arten Ihrer Wahl variiert werden.*

Pastinake

Die weißen Pastinaken (*Pastinaca sativa*) sind erst seit einigen Jahren wieder bekannter geworden. Die Wurzeln sind absolut winterhart und von daher ein ideales Gemüse für die kalte Jahreszeit.

Anbauen

Pastinaken sind unkompliziert im Anbau. Für die Winterernte sät man sie im April, spätestens im Mai auf tiefgründig gelockerten Boden aus. Bei Lehmboden empfehle ich, doppelt spatentief umzugraben. Die Wurzeln mögen keine frische organische Düngung, wohl fühlen sie sich aber auf einem im Vorjahr kräftig gedüngten Beet. Der Abstand zwischen den Reihen sollte 30 bis 40 cm betragen. In der Reihe dünnen Sie nach dem Aufgehen der Saat auf etwa 10 cm Abstand aus.

In Lagen, wo die Möhrenfliege auftritt, hat sich der Anbau unter einem Gemüseschutznetz bewährt.

Bis zum Herbst kann das Pastinakengrün hüfthoch gewachsen sein. Die Blätter enthalten Stoffe, die im Zusammenspiel mit starker Sonneneinstrahlung zu phototoxischen Reaktionen der Haut führen können – vorsichtshalber sollten Sie also an sehr sonnigen Tagen mit langärmeliger Bekleidung und Handschuhen das Pastinakenbeet pflegen.

Sorten

Es gibt hierzulande nur wenige Sorten. 'White King' ist eine eher kurze Sorte, die sich deshalb auch für den Anbau in schwereren Böden eignet. 'Halblange Weiße' und 'Mitra' sind halblange robuste Sorten, sie bringen feste, gut lagerfähige Wurzeln hervor. 'Lange Weiße' werden bis zu 40 cm lang, allerdings nur auf leichtem Boden. Winterhart sind sie alle.

Ernten

Pastinaken können jederzeit geerntet werden, sobald Ihnen die Wurzeln groß genug erscheinen. Ich ziehe im Herbst zunächst jene Wurzeln, die eng beieinanderstehen, denn an wärmeren Tagen wachsen die übrigen noch weiter. Als Werkzeug dient mir eine Grabegabel, mit der ich die Wurzeln lockere. Im Prinzip kann man so bis zum Frühjahr verfahren und bedarfsweise frische Pastinaken aus dem Garten holen. Wenn aber der Boden gefroren ist, geht nichts mehr. Deshalb und wegen unserer Wühlmäuse ziehe ich die Wurzeln im Dezember und schlage sie in einem großen Kübel in Erde ein.

Lagern

In milden Lagen bleiben die Pastinaken am besten auf dem Beet stehen. Wer die Wurzeln lieber im Herbst in Sicherheit bringt, kann sie ebenso wie anderes Wurzelgemüse in feuchten Sand einschlagen und im Keller lagern. Eine mit Kaninchendraht gesicherte Erdmiete ist auch gut geeignet. Damit ich auch bei Frost das leckere Gemüse in die Küche holen kann, habe ich einen Teil meiner Pastinaken in einer eingegrabenen Waschmaschinentrommel liegen. Der etwas größere Teil steht im Garten in dem großen Kübel, rundum mit Erde eingeschlagen.

Kochen mit Pastinaken

Pastinaken lassen sich ähnlich wie Möhren für Mischgemüse und Suppen verwenden. Sehr lecker ist eine Cremesuppe, die zu gleichen Teilen aus Kartoffeln und Pastinaken gekocht, mit etwas Sahne angereichert und schließlich püriert wird. Viele Kinder mögen die Süße der Wurzeln, die man in Scheiben geschnitten und paniert als vegetarische Schnitzel braten kann.

Für Rohkostsalate eignet sich die Pastinake nicht so gut, da sie nicht knackig ist wie Möhren, sondern weicheres, manchmal sogar etwas wattiges Fruchtfleisch hat. Wenn die Wurzeln mit dem beginnenden Frühjahr zarte, grüne Blätter austreiben, können diese wie Petersilie verwendet werden.

Pastinaken mit Kapern zu Pasta

Zutaten

750 g Pastinaken
2 mittelgroße Zwiebeln
½ Gläschen Kapern
Olivenöl
Pfeffer
Salz
Parmesan

Zubereitung

■ Die Pastinaken schälen und in Würfel schneiden. In einer Pfanne Olivenöl erhitzen und die Pastinakenwürfel hineingeben. Die beiden Zwiebeln schälen, würfeln und dazugeben. Die Hitze etwas herunterregulieren, sodass die Pastinaken langsam bräunen, aber nicht anbrennen. Gut geeignet ist eine beschichtete Pfanne.

■ Wenn die Pastinaken zu zerfallen beginnen, sind sie fertig. Die Kapern dazugeben und mit frisch gemahlenem Pfeffer und etwas Salz würzen. Am Ende noch etwas Parmesan über das Gemüse reiben – hier lohnt sich die Investition in eine gute Sorte.

Das Gemüse schmeckt sehr gut über Nudeln, aber auch mit frischem Brot. Im Frühjahr passen frische Schlottenzwiebeln dazu, die nur ganz kurz in der Pfanne mitgegart werden.

Pastinaken-Eintopf mit Beinscheiben vom Lamm

Zutaten

4 Beinscheiben vom Lamm (je ca. 150 g)
2 Zwiebeln
1 kleine Flasche Bier
750 g Pastinaken
500 g Kartoffeln, überwiegend festkochend
Salbei
Bratöl
Salz
Salbei

Zubereitung

■ Das Öl in einem Bräter oder einem Topf mit großem Durchmesser erhitzen und die Beinscheiben darin von beiden Seiten bräunen. Die beiden Zwiebeln schälen und achteln, die Stücke ebenfalls in dem heißen Öl noch etwas anbräunen. Mit einem Viertelliter Bier abgießen, 1 TL Salz dazugeben. Die Temperatur herunterregeln und alles eine halbe Stunde schmoren lassen.

■ In der Zeit die Pastinaken und Kartoffeln waschen, schälen und würfeln. Das Gemüse zu dem Fleisch in den Topf geben und noch so lange mitgaren lassen, bis die Pastinaken zu zerfallen beginnen – das ist nach weiteren 30 bis 40 Minuten der Fall.

■ Testen Sie, ob auch das Fleisch schon mürbe geworden ist, sonst muss alles noch etwas länger schmoren. Falls zu wenig Flüssigkeit im Topf ist, einfach etwas Bier nachgießen.

Mit Salz abschmecken und etwas fein gehackten Salbei – möglichst frisch aus dem Garten – über den Eintopf streuen.

Porree

Lauch bzw. Porree *(Allium porrum)* ist in meinen Augen ein geniales Wintergemüse, da er auch tiefe Temperaturen auf dem Beet aushält und bis ins Frühjahr hinein geerntet werden kann. Zudem ist er sehr gesund.

Anbauen

Porree kommt mit jedem Boden zurecht. Man kann Jungpflanzen in der Gärtnerei kaufen oder selbst anziehen. Für die Winterernte sollten Sie damit im April beginnen. Die Jungpflanzen dürfen keinen Frost bekommen, da sie sonst zum Schossen neigen. Wenn man sie im Haus anzieht, müssen sie vor dem Auspflanzen allmählich abgehärtet werden.

Die Pflänzchen werden im Abstand von 15 cm in der Reihe und 30 cm zwischen den Reihen gesetzt. Wer weiße Schäfte haben möchte, pflanzt in Furchen, die erst zugezogen und später angehäufelt werden, damit die Lauchstangen bleichen.

Lauch ist ein Starkzehrer und benötigt mehrere Düngegaben während der Wachstumszeit, ideal sind Kompost und Hornspäne, ein wenig mineralischer Dünger schadet nicht. Zu stark gedüngter Porree ist weniger aromatisch. Wässern und hacken Sie regelmäßig.

Der Porree hat mehrere Antagonisten: Die Lauchmotte, die Lauchminierfliege und die Zwiebelfliege. Die Maden fressen Gänge ins Innere der Lauchstangen, Fäulnis bildet sich und die Pflanzen sterben ab oder werden zumindest sehr unappetitlich. Gegen diese Schädlinge helfen chemische Bekämpfungsmittel oder aber ein Insektenschutznetz, das die gesamte Vegetationszeit über auf dem Beet bleiben muss. Mischkulturen mit Möhren, Tomaten oder Tagetes werden bisweilen als hilfreich beschrieben, bei starkem Befallsdruck aber reicht das nicht aus.

Porree ist im Prinzip voll winterhart. Bei längeren Kahlfrösten leiden die Blätter jedoch – verhindern können Sie dies, indem Sie den Lauch so lange mit ein oder zwei Lagen Vlies bedecken.

Sorten

Für die Überwinterung sind besondere Sorten im Handel, die meist gedrungener sind als der Sommerlauch: 'Carentan' ist eine alte, bewährte Sorte für den Anbau im Herbst und Winter. 'Blaugrüner Winter Alaska' ist eine Wintersorte mit sehr dunkler Färbung und dicken langen Schäften, die auch noch an frostfreien Tagen weiterwächst. 'Giant Winter' eignet sich für sehr kalte Regionen.

Ernten

Im Prinzip kann man Lauch ernten, wann immer man möchte. Ich ziehe im Herbst erst einmal zu eng gepflanzte Stangen aus den Reihen, damit die anderen an schönen Tagen noch weiter wachsen können. Wenn die Stangen gut angehäufelt wurden und tief sitzen, sollten Sie bei der Ernte mit einer Grabegabel oder einer Pflanzkelle die Wurzel lockern, bevor Sie sie aus dem Boden ziehen.

Wenn der Boden durchgefroren ist, können Sie nicht ernten. Ein Folientunnel über dem Lauch bringt Temperatursteigerungen um einige Grad, sodass der Boden eher offen ist. Oft reicht es schon, ein paar Handvoll Laub um die Porreepflanzen zu verteilen.

Wenn der Porree nicht tief steht, kann man ihn auch einfach über dem Boden abschneiden und die Wurzel stehen lassen. Im Frühjahr treiben dann dünnen Stangen nach, die als frisches Gemüse verwertet werden können.

Lagern

Am besten hält der Porree auf dem Beet frisch. Sie können ihn aber auch in feuchten Sand einschlagen und so im Keller oder in der Garage lagern.

Kochen mit Porree

In Porreestangen findet man häufig noch Reste von Erde. Um diese zu entfernen, teilt man zunächst den unteren, sauber gebliebenen Teil der Stange ab (später lassen sich Ringe daraus schneiden) und schneidet den oberen Teil längs auf. Diese Stücke lassen sich gut unter fließendem Wasser säubern und anschließend klein schneiden.

Porree ist eine beliebte Zutat für Gemüsesuppen. Der hell gebleichte Teil der Stangen lässt sich auch zu einem wohlschmeckenden Rahmgemüse verarbeiten. Fein geschnittener und vorgedünsteter Porree macht sich gut als Belag auf einer Pizza oder mit Ei und Käse vermengt auf einem Mürbeteig – dann wird eine herzhafte Gemüsequiche daraus. Eine Lauchpfanne ist schnell gemacht und schmeckt gut zu Nudeln oder Reis. Man nimmt dafür zu gleichen Teilen klein geschnittenen Lauch und gemischtes Hack, schmort beides zusammen ca. 15 Minuten in der Pfanne und schmeckt am Ende mit Pfeffer und Salz ab.

Käse-Lauch-Suppe

Zutaten

1 kg Lauch
3 EL Butter
2 EL Mehl
gekörnte Gemüsebrühe
100 g mittelalter Gouda
200 ml Sahne
Pfeffer, Muskat
Salz

Zubereitung

■ Den Lauch waschen, putzen und in Ringe schneiden. Die Butter in einem Topf erhitzen und den Lauch darin von allen Seiten andünsten. Das Mehl darüberstäuben und mit 1,5 Liter Wasser ablöschen.

■ Wenn die Suppe kocht, die gekörnte Brühe einrühren. Den Käse in kleine Würfel schneiden und nach 10 Minuten in die Suppe geben, rühren. Die Sahne dazugießen, mit den Gewürzen und Salz abschmecken.

Porree-Linsen-Curry

Zutaten

2 mittelgroße Stangen Porree
5 Knoblauchzehen
3 EL Olivenöl
100 g rote Linsen
etwas Kreuzkümmel
1 TL Currypulver
Salz

Zubereitung

■ Den Lauch waschen, putzen und in Ringe schneiden, den Knoblauch enthäuten und in kleine Würfel schneiden. Das Olivenöl in einem Topf erhitzen, Porree und Knoblauch darin einen Moment scharf anbraten, sodass das Gemüse teilweise bräunt.

■ Mit 400 ml Wasser aufgießen, die gewaschenen Linsen einstreuen. Aufkochen lassen und dann auf kleiner Flamme 20 Minuten köcheln lassen. Zwischendurch kontrollieren, dass noch etwas Flüssigkeit im Topf ist, sodass nichts anbrennt, gegebenenfalls Wasser nachfüllen.

■ Mit Kreuzkümmel und Currypulver sowie Salz abschmecken, vom Herd nehmen und noch fünf Minuten vor dem Servieren durchziehen lassen.

Passt gut zu Rindersteaks oder Lammkoteletts, zusammen mit Feta-Käse und Brot ergibt das Gemüse auch eine vegetarische Mahlzeit.

Flammkuchen mit Porree

Zutaten

450 g Weizenmehl
250 ml Wasser
5 EL Olivenöl
500 g Porree
2 mürbe Äpfel
100 g Schinken
250 g Quark (20 %)
250 g Crème fraîche
Pfeffer
Rosmarin
Salz

Zubereitung

■ Aus dem Mehl, Wasser und Öl sowie einem gestrichenen TL Salz einen Teig kneten. Während er ruht, den Porree waschen und putzen, die Äpfel schälen und in sehr dünne Scheiben schneiden, den Schinken in schmale Streifen schneiden.

■ Den Teig auf zwei Backblechen dünn ausrollen.

■ Quark und Crème fraîche miteinander verrühren und ein wenig Salz dazugeben. Die Masse auf den Teig streichen, Porree, Schinken und Apfelstückchen gleichmäßig darüber verteilen. Mit ein wenig Pfeffer und Rosmarin bestreuen und knapp salzen.

■ Der Flammkuchen bäckt 15 bis 20 Minuten bei 180 bis 200 °C bis der Teig leicht gebräunt ist.

Radicchio

In mildem Klima kann man Radicchio (*Cichorium intybus*) den ganzen Winter über aus dem Garten holen, sonst aber wenigstens für einige Wochen eingeschlagen in einem kühlen Raum lagern.

Anbauen

Radicchio ist besonders als Nachfrucht geeignet, da er für die Ernte im Spätherbst oder Winter erst im August ausgepflanzt werden muss. Man kann ihn im Juni direkt ins Beet säen und die Jungpflänzchen später vereinzeln. Oder aber Sie ziehen den Radicchio zunächst auf Topfplatten oder im Anzuchtbeet vor. Der endgültige Pflanzabstand sollte 20 bis 25 cm in den Reihen und 30 bis 40 cm zwischen den Reihen betragen. Der Nährstoffbedarf ist mittelhoch, eine Kompostgabe vor der Aussaat lockert den Boden und reicht aus. Die weitere Kultur ist einfach, es muss lediglich regelmäßig zwischen den Pflanzen gehackt werden.

Je nach Sorte bilden die Pflanzen im Herbst feste Köpfe. Einige Sorten vertragen leichten Frost bis etwa −5 °C, mit Vlies zugedeckt auch noch ein wenig mehr.

Sorten

Es gibt kopfbildende Sorten und solche, die als Schnittradicchio geerntet werden.

'Palla Rossa' bildet kugelige Köpfe mit tief weinroten Blättern, er verträgt Frost, lässt sich aber auch gut einschlagen.

'Rossa di Treviso' hat längliche Blätter, die im späten Herbst zu einem Kopf schließen, er ist nur begrenzt frostverträglich. Kann auch als Schnitt-Radicchio geerntet werden. In Italien wird die Wurzel ausgegraben und wird er wie → Chicorée angetrieben.

'Orchidea Rossa' kommt auch mit Minusgraden gut zurecht.

Die mit dem Radicchio eng verwandte Catalogna hat löwenzahnartige Blätter und wird geschnitten, lässt man das Herz stehen, wachsen Blätter nach.

Ernten und Lagern

Blatt-Radicchio und Catalogna können jederzeit nach Bedarf geschnitten werden, man lässt das Herz stehen, sodass sie immer wieder neu nachtreiben.

Bei kopfbildendem Radicchio muss man abwarten, bis die Köpfe ausreichend groß sind. Die äußeren Blätter sind in der Regel ungenießbar bitter und werden weggeworfen, die inneren hingegen enthalten weniger Bitterstoffe, da sie auch weniger Licht bekommen haben. Man kann Radicchio bleichen und ihm damit Bitterstoffe entziehen. Dafür muss man die Pflanzen mit einem umgestülpten Eimer oder Pflanzkübel abdecken.

Lagern

In nicht allzu kalten Regionen lässt man die Pflanzen im Winter draußen auf dem Beet stehen und erntet nach Bedarf. Die äußeren Blätter werden meist sehr unansehnlich durch die Kälte, jedoch bleiben die Köpfe im Inneren geschützt und wachsen weiter, wenn es wieder heller und wärmer wird.

Wo mit längerem und stärkerem Frost gerechnet werden muss, lohnt es sich, den Radicchio mit Wurzel zu ernten und in Erde oder feuchten Sand einzuschlagen. Dafür ist jeder kühle Raum geeignet, eine Garage ebenso wie der Keller. Äußere unansehnliche Blätter belässt man, weil sie den Kopf vor dem weiteren Austrocknen schützen – sie entfernt man erst vor dem Verzehr.

Kochen mit Radicchio

Während Radicchio hierzulande vor allem als Salat bekannt ist, wird er in seiner italienischen Heimat gerne
als Gemüse verzehrt. Dazu darf man ihn aber nur kurz
garen. Probieren Sie einmal, die Blätter in einem guten
Olivenöl anzubraten. Das passt zu Fleisch, aber auch zu
Pasta und Käse. Wenn Sie es nicht so gerne nur bitter
haben, geben Sie Weintrauben oder Apfelstückchen
als süßes Gegengewicht dazu – Sie werden sehen, das
Ergebnis ist äußerst pikant.

Dasselbe gilt auch für Radicchio als Salat. Zusammen
mit Möhren oder roter Paprika tritt der leicht bittere
Geschmack in den Hintergrund. Man kann den Blättern
einen Teil der Bitterstoffe entziehen, wenn man sie
20 Minuten lang in lauwarmes Wasser legt – leider
gehen dabei aber auch wertvolle Inhalte wie die
Vitamine verloren.

Radicchio-Rohkostsalat

Zutaten
  1 mittelgroßer Kopf Radicchio (oder auch 2)
  1 Handvoll Blatt-Radicchio
  1 Apfel, 1 Möhre
  1 EL Zitronensaft
  2 EL Rapsöl oder Nussöl
  ½ TL Senf
  1 TL Zucker, Salz

Zubereitung
■ Salat waschen und in Streifen schneiden. Den Apfel
schälen und klein würfeln, die Möhre schälen und in
Scheibchen schneiden. Aus den weiteren Zutaten eine
Vinaigrette rühren und zum Salat geben.
■ Zum Salat passen geröstete Sonnenblumenkerne oder
gestiftete Mandeln, statt oder zusätzlich zur Möhre
macht sich rote Paprika gut.

Pasta negro mit Radicchio und Lachs

Zutaten

400 g schwarze Spaghetti (mit Sepia gefärbt)
1 Zwiebel
1 mittelgroßer Kopf Radicchio
Knoblauch
200 g geräucherter Lachs
Olivenöl
Salz
1 Prise Zucker
schwarzer Pfeffer
Zitrone

Zubereitung

■ Spaghetti nach Packungsanweisung kochen. Währenddessen die Zwiebel schälen und würfeln, den Radicchio waschen und in Streifen schneiden. Die Zwiebel in Olivenöl bräunen.

■ Alles, was nun kommt, muss schnell gehen und sollte nicht länger als fünf Minuten dauern, damit es nicht zerkocht: Den geschnittenen Radicchio zu den Zwiebeln geben und rühren, eine Prise Zucker dazugeben. Je nach Geschmack eine oder mehrere Knoblauchzehen durch die Presse drücken und untermengen. Den Lachs in kleine Stücke reißen und mit anwärmen, aber nicht mehr kochen lassen. Mit frisch gemahlenem Pfeffer und Salz abschmecken. Auf die Nudeln geben und je nach Geschmack mit etwas Zitronensaft beträufeln.

Wegen der schwarzen Pasta ist das Gericht ein echter Hingucker. Mit normalen Spaghetti schmeckt es aber auch.

Radicchio mit Fenchel und Gemüsezwiebeln

Zutaten

1 Fenchelknolle
1 Gemüsezwiebel
Knoblauch
1 Radicchio-Kopf
(oder ca. 200 g Radicchio-Blätter),
rot oder grün
Olivenöl
Balsamessig
Salz
Pfeffer

Zubereitung

■ Das Gemüse putzen und in dünne Scheiben schneiden. Olivenöl in einem großen Topf – auch im Wok oder in einer hohen Pfanne – erhitzen und den Fenchel dazugeben. Etwa fünf Minuten braten, dabei ab und an umrühren. Er sollte nicht zu sehr bräunen, aber auch kein Wasser ziehen.

■ Nun kommt die Zwiebel dazu, sie soll auch etwa fünf Minuten garen. Den Knoblauch in dünne Scheiben schneiden (nicht auspressen, das schmeckt anders!). Die Radicchio-Streifen und den Knoblauch in den Topf geben und unter Rühren gerade noch so lange braten, bis der Radicchio schlapp geworden ist. Etwas Balsamessig über das Gemüse tröpfeln und mit Pfeffer und Salz abschmecken.

Diese raffinierte Beilage schmeckt auch kalt als Antipasto!

Rettich

Im Gegensatz zu Radieschen kann man Winterrettich *(Raphanus sativus)* für längere Zeit einlagern. Man sagt ihm eine stärkende Wirkung auf das Immunsystem nach – in der kalten Jahreszeit ist das sehr willkommen.

Anbauen

Ab Mitte bis Ende Juni ist eine gute Zeit, um den Rettich für die Herbsternte auszusäen. Der Abstand in und zwischen den Reihen ist sortenabhängig, bitte lesen Sie die Hinweise auf dem Samentütchen. Rettich ist ein Mittelzehrer. Frischer Dung bekommt ihm nicht gut, auch zu viel Stickstoff ist ungünstig. Ein organischer Langzeitdünger hingegen ist eine gute Lösung. Hacken Sie regelmäßig, um Unkrautbewuchs niedrig zu halten und den Boden zu durchlüften, und halten Sie den Boden gleichmäßig feucht – wird er zu trocken, kann der Rettich pelzig oder bitter werden.

Sorten

Nur Winterrettich ist dafür geeignet, eingelagert zu werden: 'Hilds Blauer' ist gut für den Herbstanbau geeignet. Ungewöhnlich und attraktiv ist die blau-violette Färbung von diesem spitzkegeligen Rettich. Sein Geschmack ist mild bis würzig.

'Münchner Bier' kennt in Bayern fast jeder. Es ist ein reinweißer, mittelgroßer Rettich, der unten spitz zuläuft. Er wird für den Herbst angebaut und hält sich eingeschlagen in Sand gut über den Winter.

'Runder schwarzer Winterrettich' ist eine scharfe, festfleischige und sehr lange haltbare Sorte für die Lagerung. Die Knollen entwickeln die Größe eines kleinen Apfels. Die Außenhaut ist schwarz und rau. Diese Rettichsorte enthält besonders viele Senfölglykoside und ist von daher sehr wertvoll.

Ernten

Rettiche können Sie jederzeit ernten, sobald sie groß genug sind. Wenn Sie eher dicht gesät haben, ist es sinnvoll, kleine Exemplare auszuziehen und zu verwerten, damit die übrigen sich richtig entwickeln können. Sie können den Rettich so lange auf dem Beet lassen, bis sie mit Frost rechnen müssen. Ein bisschen Raureif schadet ihm nicht, aber richtige Minustemperaturen verträgt er nicht.

Lagern

Eine Kiste mit feuchtem Sand in einem kühlen Raum ist gut geeignet, um Rettich einzuschlagen und ihn damit noch einige Wochen oder Monate – je nach Sorte – zu lagern. Das Grün muss dazu abgedreht oder abgeschnitten werden. Die nackten Wurzeln können auch in einer versenkten Waschmaschinentrommel oder einer Erdmiete aufbewahrt werden. 'Münchner Bier' und der 'Schwarze Winterrettich' gehören zu den lange lagerfähigen Sorten.

Kochen mit Rettich

Hierzulande wird Rettich hauptsächlich in Bayern gegessen. Im Norden ist Rettich weniger beliebt. Das ist aber schade, denn er ist sehr gesund. Es gibt viel mehr Möglichkeiten, als ihn roh, in Scheiben geschnitten auf dem Brot zu verzehren. Sehr lecker sind Rettichsalate in verschiedenen Kombinationen. Diese sollten Sie nicht über Nacht stehen lassen, da sie sonst bitter werden können.

In Asien ist es üblich, Rettich zu garen. Beim Erhitzen verliert er die Schärfe und wird leicht bitter. In Scheiben geschnitten und zusammen mit Zwiebeln und Speck gebraten, schmeckt er fast wie eine Pilzpfanne.

Rettich-Wurstsalat

Zutaten

    1 mittelgroßer Rettich (300–400 g)
    2 Bockwürste oder Fleischwurst (200–250 g)
    ½ rote Zwiebel (ersatzweise normale Zwiebel)
    1 EL Zucker
    2 EL Weinessig
    6 EL Pflanzenöl
    ½ TL mittelscharfer Senf
    Pfeffer
    Salz

Zubereitung

■ Den Rettich, die Wurst und die Zwiebel in feine Scheiben schneiden und miteinander vermengen.
■ Aus den übrigen Zutaten eine Vinaigrette herstellen, über den Salat geben und einige Stunden ziehen lassen, zwischendurch immer mal wieder vermengen. Wenn die Zeit zum Durchziehen fehlt, etwas Wasser an die Vinaigrette geben.

Am besten schmeckt der Salat, wenn er zwei bis drei Stunden vor dem Verzehr zubereitet wird. Man kann den Salat auch zusätzlich mit Emmentaler Käse anreichern. Sofern vorhanden, schmeckt eine ordentliche Portion Petersilie auch gut dazu. Wer es weniger scharf mag, nimmt Radieschen statt Rettich.

Rettich-Gemüse

Zutaten

    400 g weißer Rettich
    3 mittelgroße Zwiebeln
    2 EL Schmalz
    (ersatzweise Pflanzenöl)
    1 EL Mehl
    ⅛ l trockener Rotwein
    (ersatzweise Gemüsebrühe)
    Kümmel
    Salz

Zubereitung

■ Den Rettich und die Zwiebeln schälen und in Scheiben schneiden. Das Schmalz erhitzen und das Gemüse darin etwas anbräunen, nach Geschmack Kümmel dazugeben und dann die Temperatur runterregeln und mit geschlossenem Deckel 15 Minuten schmoren lassen. Zwischendurch umrühren und evtl. etwas Wasser dazugeben, damit nichts anbrennt.
■ Das Gemüse mit dem Mehl bestäuben und wenden, den Rotwein angießen, rühren und noch ein paar Minuten köcheln lassen, mit Salz abschmecken.

Diese leicht bittere Beilage schmeckt gut zu kurzgebratenem Fleisch, zu einer deftigen Bratwurst oder auch zu Frikadellen.

Rosenkohl

Vom Rosenkohl (*Brassica oleracea* var. *gemmifera*) verzehrt man die Achselknospen. Haupterntezeit für das vitaminreiche Wintergemüse ist vom Spätherbst bis Januar.

Anbauen

Rosenkohl wird im März oder April in ein Vorzuchtbeet oder in Töpfchen gesät und im Mai, spätestens Anfang Juni an den endgültigen Platz versetzt. Der Abstand in und zwischen den Reihen sollte 50 cm betragen. Jungpflanzen erhalten Sie auf Märkten und beim Gärtner.

Der Rosenkohl gedeiht auf fast jedem Boden, am besten aber wie alle Kohlarten auf Lehmböden. Er gehört zu den Starkzehrern. Bereits vor der Pflanzung kann eine erste Düngung gegeben werden, Kohl schätzt auch untergegrabenen Stallmist. Im weiteren Wachstumsverlauf wird zweimal nachgedüngt. Geben Sie aber nicht zu viel Stickstoff, da dieser lockere Röschen macht. Da es einige Zeit dauert, bis die Pflanzen ihre endgültige Größe erreicht haben, kann man Pflücksalat oder Radieschen an die Beeträder setzen, auch Buschbohnen sind eine gute Ergänzung. Calendula – Ringelblumen –, um den Rosenkohl ausgesät, sehen toll aus.

Während der Standzeit muss regelmäßig gehackt werden, dabei kann man die Pflanzen leicht anhäufeln. Im Herbst wachsen die Röschen am kräftigsten, in trockenen Perioden muss man deshalb wässern.

Sorten

Alle Sorten sind winterhart. 'Hilds Ideal' ist eine bewährte Sorte. 'Roodnerf' hat einen dekorativen, leicht rötlich gefärbten Stiel und hellgrüne Blätter. 'Falstaff' hat violette Blätter und Sprossen, die Farbe der kleinen, zarten Röschen bleibt auch beim Kochen erhalten.

Ernten

Die Röschen werden größer, wenn man die Spitze der Pflanze im September ausbricht – diese jungen Blätter kann man gut als Suppeneinlage essen. Im Prinzip kann man Rosenkohl ernten, sobald einem die Röschen groß genug erscheinen. Durch Frosteinwirkung steigert sich aber das Aroma, sodass es Sinn macht, dem Appetit nicht zu früh nachzugeben. Es können einzelne große Röschen abgebrochen oder geschnitten werden, und der Rest bleibt stehen und wächst noch weiter.

Lagern

Rosenkohl ist winterhart und hält am besten auf dem Beet. Allerdings verträgt er einen häufigen Wechsel zwischen tieferen Minus- und Plusgraden nicht gut, die Röschen neigen dann zum Faulen. Um dem vorzubeugen, kann man ihn bei kräftigem Frost mit Vlies schützen. Eine dicke Schneedecke bildet einen natürlichen Schutz. Einzelne Pflanzen kann man mit Wurzeln ausgraben, das Laub entfernen und verkehrt herum aufgehängt in einem kalten Raum zwei bis drei Wochen lang lagern.

Kochen mit Rosenkohl

Am besten schmecken feste und weitgehend geschlossene Röschen. Man befreit diese von allen gelblichen und unansehnlichen Blättern und kocht sie in Salzwasser. Roh ist Rosenkohl nicht sehr verträglich, er verursacht Blähungen. Weitverbreitet ist es, den in Salzwasser gegarten Kohl mit etwas zerlassener Butter oder ausgelassenem Speck zu übergießen und als Beilagengemüse zu servieren. Er schmeckt aber auch überbacken sehr lecker und kann als Zutat in bunte Gemüsesuppen wandern.

Rosenkohl-Clafoutis

Zutaten

- 500 g Rosenkohl
- 125 g Mehl
- 3 Eier
- 200 ml Milch
- 100 g Schmand (oder Crème fraîche)
- 1–2 rote Peperoni (oder ½ rote Paprika)
- Öl oder Margarine für die Form
- Muskat
- Pfeffer
- Salz

Zubereitung

■ Rosenkohl waschen, putzen und ca. 15 Minuten in Salzwasser garen. Er soll bissfest sein und nicht zerfallen. In der Zwischenzeit Mehl, Eier, Milch und Schmand mit etwas Salz und den Gewürzen verrühren und 15 Minuten quellen lassen.

■ Eine Tarte-Form fetten und den Teig hineingießen. Den Rosenkohl darauf verteilen. Klein geschnittene Peperoni oder Paprika drüberstreuen.

■ Im vorgeheizten Backofen bei Umluft 180 °C etwa 40 Minuten lang backen, ohne Vorheizen etwa 10 Minuten länger.

Ein Clafoutis ist ursprünglich eine französische Nachspeise aus Eierteig mit Früchten. Für dieses Rezept wird sie herzhaft abgewandelt. Dazu passt eine säuerlich frische → Möhren-Linsen-Rohkost.

Rosenkohl mit Maronen

Zutaten

- 1 kg Rosenkohl
- 1 Zwiebel
- 1 mürber Apfel
- 1 Packung gegarte Maronen
- 2 EL Butter
- Pfeffer
- Salz

Zubereitung

■ Den Rosenkohl waschen, putzen und in Salzwasser 20 Minuten lang weich kochen, das Wasser abgießen. Die Zwiebel schälen und in Würfel schneiden, in der Butter leicht anbräunen.

■ Den Apfel schälen und würfeln und zusammen mit dem Rosenkohl und den Maronen zu den Zwiebeln geben. Mit einem Deckel abdecken und bei wenig Hitze noch 5 Minuten schmoren, zwischendurch ein- oder zweimal umrühren. Falls das Gemüse anzubrennen droht, mit einem Schuss Bier oder einfach nur mit Wasser etwas angießen. Schließlich das Rosenkohlgemüse mit Pfeffer und Salz abschmecken.

Den Rosenkohl mit Maronen empfehle ich besonders als Beilage zu Wild , er macht sich aber auch gut zu Ente oder Weihnachtsgans, wenn man mal eine andere Beilage als Rotkohl essen möchte.

Rote Bete

Rote Bete (*Beta vulgaris* subsp. *vulgaris*) kann nur in milden Wintern draußen bleiben, hält aber im Einschlag lange frisch.

Anbauen

Für die Herbst- und Winterernte sollten Sie die Rote Bete im Mai oder Juni aussäen. Sie hat keine besonderen Ansprüche an den Boden und kommt auch im Halbschatten zurecht. Halten Sie in der Reihe einen Abstand von 10 cm, zwischen den Reihen 25 cm ein. Man legt jeweils ein Samenknäuel, aus dem sich mehrere Pflanzen entwickeln. Lassen Sie immer nur den kräftigsten Sämling stehen. Die Blätter der ausgezogenen Pflänzchen können Sie im Salat verwenden.

Ich setze Rote Bete manchmal in zweiter Tracht nach Kartoffeln, dafür ziehe ich die Jungpflanzen in Topfplatten vor. Sie wachsen gut an, wenn man sie anfangs gleichmäßig feucht hält. Der Nährstoffbedarf von Roter Bete ist mittelhoch, vor allem zu viel Stickstoff sollte man meiden, da sie sonst zur Anreicherung von Nitrat neigt.

Sorten

Dass es neben der Roten auch noch Weiße und Gelbe Bete gibt, ist vielen Gärtnern noch nicht bekannt. Letztere schmecken etwas süßer und sind milder. Für die Einlagerung sind alle gleichermaßen geeignet.

Zylindrisch wachsende Bete wie 'Formanova' und 'Forono' können etwas enger gepflanzt werden als ihre runden Kollegen und lassen sich auch leichter schälen.

'Rote Kugel' ist eine bewährte und aromatische runde Sorte. Sehr dekorativ im Beet ist die 'Ägyptische Plattrunde', die tiefrote Blätter hat. In der Küche trumpft die hübsche, rot-weiß geringelte 'Tonda di Chioggia' auf, die

zart und süß ist. 'Albina Veredura' heißt eine Weiße Bete, die süß schmeckt und sich bestens für die Zubereitung von Rohkostsalaten eignet. 'Burpee's Golden' ist außen orange und innen gelb. Süß und aromatisch.

Ernten

Solange keine oder nur sehr leichte Fröste zu erwarten sind, hält sich Rote Bete am besten draußen auf dem Beet. Wenn härterer Frost droht, ziehen Sie die Rüben vorsichtig aus der Erde, denn wenn sie verletzt sind, kann man sie nicht mehr gut lagern. Die Blätter werden abgedreht, nicht geschnitten.

Lagern

Rote Bete ist ein unkompliziertes Lagergemüse. Schlagen Sie die ungewaschenen Rüben in feuchten Sand ein, sodass nur das Herz oben rausschaut – so können sie im kühlen Keller oder in der frostfreien Garage bis zum Frühjahr aufbewahrt werden. Manche Gemüsegärtner packen sie portionsweise in Gefriertüten, in die sie vorher kleine Löcher gepikst haben, und lagern sie dann ebenfalls im kühlen Keller. Wenn Sie größere Mengen geerntet haben, können Sie die Beten auch gut in einer Erdmiete aufbewahren.

Kochen mit Roter Bete

Bis vor wenigen Jahren hat man hierzulande fast ausschließlich Rote Bete aus dem Glas verzehrt. Doch lässt sich viel mehr mit ihr anstellen. Sehr beliebt in Osteuropa ist der Borschtsch, eine Suppe, bei der Rote Bete einen Hauptbestandteil bildet.

Rote Bete macht sich gut in einer Gemüsesuppe zusammen mit Möhren und auch mit Kürbis – wenn man diese püriert, bekommt man eine aufsehenerregende

Farbe. Man kann Rote Bete auch ähnlich wie Rotkraut mit Äpfeln, Zimt und Nelken zubereiten, das Gemüse schmeckt noch etwas feiner, und man vermeidet den Kohlgeruch in der Wohnung. Schließlich eignet sich die Bete auch für Rohkostsalate, hier sind die weißen und gelben Sorten passend, weil sie nicht so färben.

Wer eine Saftzentrifuge hat, sollte unbedingt einmal gemischten Saft von Apfel, Roter Bete und Möhre probieren – das ist im Winter eine echte Vitaminbombe und schmeckt einfach lecker. Eine Prise Salz nicht vergessen!

Heringssalat mit Weißer Bete

Zutaten

500 g Weiße Bete
½ Zwiebel
1 Apfel
2 Gewürzgurken
1 Glas Bismarckhering (Abtropfgewicht 300 g)
300 g Joghurt (3,5 %)
1 TL Meerrettich
Salz
Zucker

Zubereitung

■ Die Weiße Bete schälen, in fingerdicke Scheiben schneiden und in etwas Salzwasser weich dünsten. Derweil die Zwiebel sehr fein würfeln, den Apfel und die Gewürzgurken in etwas größere Würfel schneiden.
■ Die handwarme Bete würfeln, den Fisch in feine Streifen schneiden. Den Joghurt mit dem Meerrettich verrühren, etwas salzen und eine Prise Zucker dazugeben, dann die übrigen Zutaten unterheben und alles eine halbe Stunde ziehen lassen, zwischendurch umrühren.

Der Salat schmeckt mit Roter Bete ebenso gut, sieht aber mit Weißer Bete besser aus. Dazu kann man Pellkartoffeln oder auch Brot essen.

Rote-Bete-Suppe

Zutaten

2 mittelgroße Zwiebeln
600 g Rote Bete
600 g festkochende Kartoffeln
Instantbrühe oder Rindsbouillon
(Paste oder Granulat)
Sternanis (oder Anissamen)
Chili getrocknet
400 g mageres Rinderhack oder Tartar
geschmacksneutrales Pflanzenöl
Kreuzkümmel
Zimt
Dillsamen
Pfeffer
Salz

Zubereitung

■ Die Zwiebeln schälen, würfeln und in einem Schuss Öl glasig braten, mit 1 Liter Wasser ablöschen und das Wasser zum Kochen bringen. Rote Bete und Kartoffeln schälen und in Scheiben schneiden, ins Wasser geben. Gekörnte Brühe bzw. Bouillon einrühren. 3 Anissterne und je nach Schärfeverträglichkeit eine getrocknete Chili in einen Teebeutel füllen und in die Suppe hängen.
■ Das Hack mit einem Teelöffel Salz, dem Kreuzkümmel, Zimt, Dillsamen und Pfeffer verkneten und zu walnussgroßen Bällchen formen. Wenn das Gemüse etwa zehn Minuten gekocht hat, die Hackbällchen in die Suppe legen und noch etwa 15 Minuten bei kleiner Flamme ziehen lassen. Wenn Sie sich unsicher sind, ob das Fleisch durchgegart ist, schneiden Sie zur Kontrolle ein Bällchen durch.
■ Den Teebeutel mit den Gewürzen herausziehen, die Suppe evtl. noch nachsalzen.

Dazu schmeckt ein Klacks saure Sahne. Die Suppe lässt sich durch Zugabe von grüner Paprika und/ oder Möhrenscheibchen variieren.

Rotkohl

Rotkohl (*Brassica oleracea* subsp. *capitata rubra*) ist ein klassisches Beilagengemüse, bei dem fast jeder gleich an Wild- oder Geflügelgerichte denkt. Er lässt sich aber noch ganz anders zubereiten.

Anbauen

Wer Rotkohl für die Einlagerung im Winter anbauen möchte, sät ihn am besten im April, spätestens Mai direkt ins Beet. Der Abstand zwischen den Reihen und in den Reihen sollte jeweils 60 cm betragen. Säen Sie aber enger aus, denn erfahrungsgemäß werden einige Jungpflanzen von Schnecken dezimiert oder gedeihen nicht so gut – lassen Sie nur die besten stehen. Wo Lücken entstanden sind, können Sie auch die Jungpflanzen umsetzen, Kohl verträgt das gut. Ausgezogene Jungpflanzen können Sie jung im Salat verzehren oder in einer Suppe mitköcheln. Man kann auch beim Gärtner oder auf dem Wochenmarkt Jungpflanzen kaufen.

Rotkohl bevorzugt lehmige Böden, auf Sand müssten Sie für ausreichende Feuchtigkeit und Kompostgaben sorgen. Kohl ist ein Starkzehrer und schätzt es, wenn Sie kompostierten Mist untergraben oder mit reichlich Kompost und Hornspänen düngen. Der späteste Düngetermin ist Ende August. Hacken Sie regelmäßig und halten Sie den Boden feucht.

Sorten

Wichtig ist die Wahl der Sorte – es gibt Züchtungen für die Sommer- und Herbsternte sowie fürs Einlagern:

'Granaat' ist eine recht schnell wachsende Sorte, die dennoch gut lagerfähig ist.

Ein ausgesprochener Lagerkohl ist die Sorte 'Marner Lagerrot' ebenso wie der 'Langedijker Herfst'.

Ernten

Solange die Temperaturen nicht für längere Zeit unter null gehen, können Sie Rotkohl nach Bedarf ernten. Kurzer leichter Frost schadet nicht, sind aber anhaltende tiefere Minusgrade angesagt, muss er geerntet werden. Graben Sie ihn mitsamt den Wurzeln aus und schütteln die anhaftende Erde ab.

Lagern

Kontrollieren Sie den Kohl auf Schädlingsbefall und Krankheiten. Ist er absolut gesund, so wickeln Sie eine Schnur um den Strunk und hängen ihn kopfüber in einem kühlen, frostfreien Raum auf. Infrage kommen Garage, Gartenlaube oder Keller. Wenn diese Möglichkeit nicht gegeben ist, können Sie ihn auch vom Strunk und von den äußersten Blättern befreien und in einem kalten Raum ins Regal legen. Die äußeren Blätter dürfen dabei ruhig eintrocknen, sie werden vor der Verwertung entfernt. Rotkohl können Sie auch kopfüber in der Gemüsemiete oder im abgedeckten Frühbeet einschlagen.

Kochen mit Rotkohl

Was wäre ein Gänsebraten ohne Rotkohl? Schon allein optisch ist die Kombination der gelben Salzkartoffeln oder Knödel, kross gebratenen Keulen und des rotblauen Gemüses ein Genuss. Auch zu dem eher herb schmeckenden Wild und zu dunklem Fleisch ist das süße Rotkohl-Apfel-Gemüse ein Klassiker. In dieser Kombination darf es auch ruhig weich gekocht sein.

Aber es geht auch anders: Probieren Sie einmal in Streifen geschnittenen Rotkohl mit Zwiebeln in der Pfanne angebraten und mit etwas Brühe abgelöscht und al dente gekocht, dazu passt sogar Fisch, wenn er denn kräftigen Eigengeschmack hat wie z. B. Makrele.

Als Rohkostsalat sieht der »blaue« Kohl richtig gut aus und schmeckt gut. Wichtig ist, dass Sie sehr feine Streifen schneiden oder hobeln und diese auch noch mit dem Fleischklopfer oder einem Flaschenboden ein bisschen mürbe schlagen. Mischen Sie Apfelscheibchen, Orangenschnitze und Walnüsse dazu, und rühren Sie eine Vinaigrette mit Zitronensaft anstelle von Essig. Wenn Sie mögen, geben Sie noch eine Prise Zimt dazu. Wenn Sie es scharf mögen, probieren Sie einmal, den klassischen Rotkohl mit Chili und Ingwer zu variieren.

Rotkohlrouladen

Zutaten

1 Kopf Rotkohl
1 Zwiebel
400 g Schweinehack
1 TL Fenchelsamen (es geht auch Fencheltee)
Kreuzkümmel
Pfeffer
Salz
500 ml Tomatensaft
Olivenöl
2 EL Balsamico-Essig

Zubereitung

■ In einem großen Topf Wasser zum Kochen bringen, salzen und den ganzen gesäuberten Kohlkopf darin ¼ Stunde garen, ab und zu wenden. Das Kochwasser abgießen und mit kaltem Wasser auffüllen. Nach fünf Minuten abgießen, abtropfen lassen und vorsichtig die einzelnen Blätter vom Kohl lösen. Dazu immer wieder den Strunk weiter anschneiden.

■ Die Zwiebel sehr fein schneiden und mit dem Hack vermengen, salzen, pfeffern, den Fenchel und etwas Kreuzkümmel dazugeben und miteinander verkneten. Die Masse in acht Portionen aufteilen.

■ Ein Kohlblatt auslegen, evtl. den Strunk einschneiden oder den obersten Teil entfernen, wenn er sehr dick ist. Eine Portion Hack darauflegen, die Seiten des Blattes umschlagen und das Blatt zu einer Roulade rollen, mit Baumwollfaden fixieren. So mit acht Blättern verfahren.

■ In einer großen Pfanne Olivenöl erhitzen und die Rouladen von allen Seiten anbräunen. Nun mit dem Tomatensaft angießen, einen Deckel auflegen und die Rouladen 30 Minuten schmoren lassen. Danach den Deckel entfernen und noch weitere 10 bis 15 Minuten köcheln, wobei die Soße eindampft, bis sie recht dickflüssig geworden ist.

■ Die Rouladen aus der Pfanne nehmen und anrichten, zwei Esslöffel Balsamessig in die Soße einrühren, dabei nicht mehr aufkochen.

Rotkohl klassisch

Zutaten

1 Rotkohlkopf, ca. 1 kg
1 Zwiebel
2 Äpfel (z. B. 'Boskoop')
50 g Schmalz (oder Walnussöl)
¼ l trockener Rotwein
2 EL Weinessig
1 EL Zucker
3 Gewürznelken
1 Prise Zimt
5 Wacholdersamen
2 Lorbeerblätter
Salz

Zubereitung

■ Die äußeren Blätter und den Strunk vom Kohlkopf entfernen und den Rest zu feinen Streifen hobeln. Die Zwiebel und Äpfel schälen und würfeln.

■ Das Schmalz in einen großen Kochtopf geben und die Zwiebelwürfel darin anbraten, den Kohl dazugeben und mit dem Rotwein ablöschen. Nun kommen der Essig, Zucker, Salz und die Gewürze dazu (wenn Sie die Gewürze später rückstandslos entfernen möchten, können Sie sie in einen Teefilter einpacken). Nach etwa 20 Minuten Kochzeit die Äpfel dazugeben und noch weitere 20 Minuten kochen, zwischendurch umrühren.

Am besten kochen Sie den Rotkohl am Vortag, da er nach dem Aufwärmen noch einmal besser schmeckt. Vergessen Sie alles, was Sie über vitaminschonende Zubereitung gelernt haben, hier geht es nur um den Geschmack! Und der ist unübertrefflich und nicht mit dem zu vergleichen, was Sie tiefgefroren oder im Glas kaufen können.

Schwarzwurzel

Die leckere Schwarzwurzel *(Scorzonera hispanica)* ist als Wintergemüse ein wenig aus der Mode gekommen. Vielleicht liegt es daran, dass man in der Küche ein wenig aufpassen muss, damit der klebrige Pflanzensaft nicht Kleidung und Hände verfärbt.

Anbauen

Schwarzwurzeln gehen tief in die Erde und lieben deshalb humosen, leichten Boden ohne Steine. Vor der Aussaat sollten Sie doppelt spatentief umgraben. Gesät wird im April. Wenn Sie früher säen, besteht die Gefahr, dass die Jungpflanzen noch Frost bekommen und daraufhin schossen. Bei später Aussaat bleiben die Wurzeln zu dünn.

Vorsicht mit den Samen, sie sind bruchempfindlich. Säen Sie in einem Reihenabstand von 20 bis 25 cm und etwa 2 cm tief. Wenn die Pflänzchen aufgelaufen sind, verziehen Sie innerhalb der Reihe auf einen Abstand von 10 cm. In den kommenden Monaten sollten Sie den Boden regelmäßig hacken und gießen, auch eine leichte Kompostdüngung ist willkommen. Vermeiden Sie dabei aber frischen Mist oder zu viel Stickstoff.

Ernten und Lagern

Die Schwarzwurzelernte beginnt im Oktober oder November, dann sind die Wurzeln dick genug. Solange der Boden offen ist, können Sie den ganzen Winter über ernten. Vorsicht, die Wurzeln brechen schnell, man kann sie nicht einfach herausziehen wie Möhren, sondern muss sie mit dem Spaten seitlich freilegen, um sie aus dem Boden zu holen. Leider gehören Schwarzwurzeln zu den Lieblingsspeisen der Wühlmaus. Deshalb kann es besser sein, die Wurzeln im Spätherbst auszugraben, in einen Behälter mit feuchtem Sand einzuschla-

gen und in einen kalten Raum zu stellen. Auch wenn Sie mit ausgiebigem Dauerfrost rechnen müssen, ist das eine gute Idee, denn aus dem gefrorenen Boden bekommen Sie die Wurzeln nicht heraus.

Sorten

Es gibt keine große Sortenvielfalt, und alle sind für die Überwinterung geeignet.

'Hoffmanns Schwarze Pfahl' ist die verbreitetste Schwarzwurzelsorte, unkompliziert und bewährt.

'Russische Riesen' ist eine altbewährte Sorte mit großen dunklen Wurzeln – daraus hervorgegangen sind 'Verbesserte nichtschießende Riesen', die etwas früher gesät werden können, weil sie als Jungpflanzen Frost eher vertragen.

'Schwarzer Peter' ist eine alte Sorte, die sich auch für schwerere Böden eignet.

Kochen mit Schwarzwurzeln

Schwarzwurzeln sind in der Küche nicht so beliebt, weil sie beim Schälen einen klebrigen Milchsaft absondern, der Haut und Kleidung verfärben kann. Dem können Sie entgegnen, wenn Sie die Wurzeln unter fließendem Wasser schälen, oder aber Sie verwenden Einmalhandschuhe. Damit die geschälten Stangen nicht an der Luft bräunen und unansehnlich werden, legen Sie sie in eine Schüssel mit Wasser und einem Schuss Essig oder Zitronensaft.

Klassisch werden Schwarzwurzeln in Salzwasser gedünstet und mit zerlassener Butter serviert. So können sie ganz ihren dezent nussigen Geschmack entfalten. In vielen Haushalten werden sie auch mit einer Mehlschwitze oder in Sahnesoße zubereitet.

Aber die Wurzeln eignen sich noch für viele andere Rezepte. Salzige Kapern betonen die milde Süße des Gemüses. Im Frühjahr schmecken Schwarzwurzeln gut mit den ersten frischen Kräutern.

Man kann die Wurzeln auch ein paar Minuten in Salzwasser kochen und dann durch einen Bierteig ziehen und frittieren. Und auch für Rohkostsalat sind sie geeignet: Probieren Sie einmal grob geriebene Schwarzwurzeln mit einem zitronigen Dressing, zerkleinerten Äpfeln und gehackten Nüssen.

Schwarzwurzel mit Hackbällchen

Zutaten

    700 g Schwarzwurzeln
    1 kleine Zwiebel
    ⅛ l Weißwein (oder Brühe)
    500 g reines Rinderhack
    ½ Becher Sahne
    100 g grüne Oliven ohne Stein
    Pflanzenöl
    weißer Pfeffer
    Salz

Zubereitung

■ Die Schwarzwurzeln wie oben beschrieben schälen und in Scheiben schneiden. Die Zwiebel schälen und würfeln und in wenig Öl glasig braten, die Schwarzwurzeln dazugeben und mit dem Wein oder etwas Brühe ablöschen.

■ Das Rinderhack mit Pfeffer und Salz verkneten und kleine Bällchen formen, diese auf das Gemüse legen. Nach einer Viertelstunde sollte das Fleisch durchgegart und das Gemüse bissfest sein. Die Oliven der Länge nach halbieren, zusammen mit der Sahne in den Topf geben und vorsichtig umrühren. Noch 5 Minuten durchziehen lassen. Bei Bedarf nachsalzen.

Dazu schmecken Salzkartoffeln.

Schwarzwurzelcurry mit Kokos

Zutaten

    400 g Hähnchenbrust
    700 g Schwarzwurzeln, geschält
    1 Stange Lauch
    1 Dose Kokosmilch
    Pflanzenöl
    Currypulver
    Zitronengras
    Zitrone
    Knoblauch
    Salz

Zubereitung

■ Eine gepresste Knoblauchzehe mit dem Saft einer halben Zitrone, zwei Esslöffeln neutralem Pflanzenöl und etwas Salz verrühren. Die Hähnchenbrust in Streifen schneiden und mit der Marinade beträufeln.

■ Den hellen Teil der Lauchstange und die Schwarzwurzeln in Scheiben schneiden.

■ Etwas Öl in einem Topf erhitzen und den Lauch anbraten, die Wurzelscheiben dazugeben. Ein paar Minuten mit offenem Deckel und unter Rühren braten. Nun kommt das fein geschnittene Zitronengras dazu. Je nach Geschmack nimmt man etwa die Menge, die einem Finger entspricht – manche Menschen mögen es noch zitroniger. Mit etwas Wasser den Boden bedecken und den Topf abdecken.

■ Die Hähnchenbrustteile in wenig Öl anbraten, bis die Marinade aufgesogen ist und das Fleisch leicht anbräunt. Am besten geht das in einer beschichteten Pfanne.

■ Wenn das Gemüse weich, aber noch bissfest geworden ist, das Fleisch dazugeben, mit Currypulver und Salz würzen und eine halbe bis dreiviertel Dose Kokosmilch unterrühren – je nachdem, wie viel Soße erwünscht ist. Noch fünf Minuten ziehen lassen.

Viele exotische Gerichte sind scharf – dieses hingegen schmeichelt dem Gaumen, es ist mild und wird auch von Kindern gemocht.

Sellerie

Knollensellerie *(Apium graveolens)* ist eine aromatische Bereicherung für den winterlichen Speiseplan und kann ohne besondere Umstände gelagert werden.

Anbauen

Um Knollensellerie selbst heranzuziehen, benötigt man ein geheiztes Gewächshaus. Ich kaufe meine Jungpflanzen im Mai beim Gärtner oder auf dem Wochenmarkt. Ausgepflanzt werden sie erst nach den Eisheiligen, denn Frost vertragen sie nicht. Sellerie benötigt etwa 40 cm Platz in und zwischen den Reihen. Achten Sie beim Pflanzen darauf, dass Sie ihn auf keinen Fall tiefer setzen, als er bislang stand, denn er bildet sonst nur kleine Knollen.

Sellerie ist ein Starkzehrer und bevorzugt gut gedüngte, humose Böden. Wenn im Herbst Mist untergegraben oder vor der Pflanzung Kompost aufgebracht wurde, ist es ihm gerade recht. Auch während der Kulturzeit sollte Sellerie noch zweimal gedüngt werden, kalibetonter Dünger führt zur Ausbildung besonders schöner heller Knollen. Kali kann z.B. über Kalimagnesia gegeben werden. Im Sommer braucht der Sellerie eine regelmäßige Wasserversorgung, in trockenen Perioden muss man ordentlich gießen. Tun Sie dies nicht häufig, aber ausgiebig, denn Sellerie wurzelt sehr tief.

Zwischendurch immer wieder vorsichtig um die Pflanzen hacken, das durchlüftet den Boden und reduziert die Verdunstung, die Ausbreitung von Unkraut wird unterdrückt.

Sorten

Alle handelsüblichen Selleriesorten sind für die Ernte im Spätherbst und zum Einlagern geeignet. 'Ibis' ist eine bewährte Sorte mit großen hellen Knollen. 'Bergers Weiße Kugel' bringt recht große und schwere Knollen. 'Mentor'

ist eine gut lagerfähige Sorte mit tief sitzenden Wurzeln, sodass die Knollen leicht zu putzen sind.

Ernten

Ab Ende August kann Knollensellerie für den Sofortverbrauch geerntet werden. Er wächst aber gerade im Herbst noch kräftig und kann auf dem Beet stehengelassen werden, solange nur leichte Fröste zu erwarten sind. Zur Ernte hebt man die Knollen mit einer Grabegabel aus dem Boden.

Lagern

Am besten hält Sellerie auf dem Beet frisch. Wenn der Wetterbericht längere Phasen mit Temperaturen unter −5 °C ansagt, ernten Sie ihn besser. Es gibt mehrere Möglichkeiten, den Sellerie zu lagern: Entweder Sie entfernen die meisten Blätter und die feineren Wurzeln und schlagen die Knollen in einem kühlen Raum in feuchten Sand ein. So halten diese einige Wochen, nachtreibende grüne Blätter können als Suppenwürze dienen. Oder aber Sie schneiden alle Blätter und auch das Wurzelwerk ab und packen den Sellerie in eine Erdmiete oder eine vergrabene Waschmaschinentrommel. Bei dieser Lagerungsmethode muss man ab und an die Schnittstellen auf Fäulnis hin kontrollieren.

Kochen mit Sellerie

Wenn noch grobe Erdreste dem Sellerie anhaften, entfernt man diese am besten mit einer Gemüsebürste unter fließendem Wasser. Geschält wird der Sellerie mit einem scharfen und spitzen Messer, mit dem man auch Vertiefungen ausschneiden kann.

Möchte man Sellerie pur als Beilagengemüse zubereiten, so gibt man einen Schuss Zitronensaft und

Salz ans Kochwasser, dann bleibt er schön weiß. Sehr beliebt ist Knollensellerie auch als aromatische Zutat für bunte Gemüsesuppen. Er harmoniert mit Möhren als Mischgemüse, dazu eine Zwiebel in etwas Öl andünsten, gewürfeltes Gemüse dazugeben und alles zusammen 20 Minuten mit geschlossenem Deckel garen – nach Bedarf können Sie ein wenig Wasser in den Topf gießen.

Sellerie schmeckt auch gut als »Schnitzel«, dafür werden Scheiben zunächst in Salzwasser weich gedünstet und dann paniert und gebraten.

Waldorfsalat

Zutaten

500 g Knollensellerie
3 Äpfel
150 g Mayonnaise
½ Becher süße Sahne
Zitronensaft
150 g Walnusskerne
Salz
Pfeffer

Zubereitung

Den Knollensellerie und die Äpfel waschen, putzen und in sehr feine Streifen schneiden – hilfreich ist ein Julienneschneider. Etwas Zitronensaft darüberträufeln. Mit der Mayonnaise, der Sahne und etwas Salz verrühren. Der Salat sollte ein bis zwei Stunden vor dem Servieren fertig sein, damit er durchziehen kann. Ganz am Ende die Walnusskerne darüberstreuen.

Wer es noch sättigender haben möchte, kann gegarte Hähnchenbrust dazugeben, dann wird es zu einer kleinen vollständigen Mahlzeit.

Selleriecremesuppe mit Pumpernickel

Zutaten

2 mittelgroße Zwiebeln
1 Sellerie (700–1000 g)
1 Becher Sahne
250 g Pumpernickel
neutrales Pflanzenöl
etwas Butter
Muskat
schwarzer Pfeffer
Salz

Zubereitung

■ Die Zwiebeln schälen, würfeln und in etwas Pflanzenöl anbraten, bis sie glasig werden. Mit einem Liter Wasser ablöschen und zum Kochen bringen. Währenddessen den Sellerie putzen und in große Würfel schneiden. Diese kommen in den Suppentopf.

■ Die Suppe kochen lassen, bis der Sellerie so weich ist, dass man ihn mit der Rückseite von einem Messer zerschneiden kann. Nun die Sahne dazugeben und alles mit dem Pürierstab zu einer sämigen Suppe verarbeiten, schließlich mit Muskat, schwarzem Pfeffer und Salz abschmecken.

■ Einen Stich Butter in einen kleinen Topf geben und schmelzen, eine Scheibe Pumpernickel einbröseln. Das Ganze etwa eine Minuten unter ständigem Rühren auf der Flamme lassen.

■ Die Suppe auf Teller füllen und die Brotkrümel darüberkrümeln. Der restliche Pumpernickel wird einfach so dazu gegessen.

Diese Suppe ist sehr mild, ein wenig süß und wärmend – genau das Richtige für einen grauen Novembermittag. Die Menge reicht als Hauptmahlzeit für vier Personen, bei sehr großem Hunger passen ein paar Wiener Würstchen gut dazu.

Speiserübe

Die Speiserübe (*Brassica rapa* subsp. *rapa*) hat eine kurze Entwicklungszeit. Herbstsorten können gut als Nachkultur gezogen werden und bereichern den Speiseplan im Winter.

Anbauen

Ein humoser, gerne auch etwas sandiger Boden ist gut geeignet für Speiserüben. Für die Ernte im Herbst wird Ende Juli bis Anfang August gesät, nachdem andere Kulturen wie Kartoffeln, Erbsen oder Dicke Bohnen das Beet geräumt haben. Eine leichte Kompostdüngung reicht aus. Säen Sie mit einem Reihenabstand von etwa 30 cm. Wenn die Rübchen aufgelaufen sind, wird in der Reihe auf 10 bis 25 cm verzogen – je nachdem, wie groß die Rüben werden sollen. Ausgezogene Pflänzchen können mitsamt dem Blattgrün gegart und verzehrt werden. Bis die Blätter der Jungpflanzen die Erde vollständig bedecken, sollten Sie ein paarmal hacken, um Unkräuter zu dezimieren und den Boden feucht und locker zu halten.

Sorten

Es gibt Speiserüben für den Frühjahrs- und den Herbstanbau – letztere werden auch »Stoppelrüben« genannt, da sie von den Landwirten nach der Getreideernte gesät werden. Manche Sorten sind auch ganzjährig geeignet.

Die violette 'Navetrübe Armand' eignet sich gut für die Herbsternte.

'Runde Weiße Rotköpfige Herbstrübe' läuft langsam auf und entwickelt sich dann aber rasch.

Die leckeren 'Teltower Rübchen', das Lieblingsgemüse von J. W. von Goethe, gedeihen am besten auf sehr sandigen Böden. Das weiße bis gelbe Fleisch ist fest, stärkehaltiger und weniger wässerig als bei anderen Sorten.

'Petrowski' hat gelbes festes Fleisch. Sie verträgt auch leichten bis mittleren Frost.

Ernten

Die Rüben können geerntet werden, sobald sie die gewünschte Größe erreicht haben. Ich ziehe zunächst solche aus, die zu eng stehen – die übrigen gewinnen so mehr Raum, um noch weiter zu wachsen. Im Herbst muss man keine Sorge haben, dass die Rüben noch pelzig werden oder schossen, man kann sie getrost so lange stehen lassen, bis man sie verwerten möchte – oder bis sich stärkerer Frost ankündigt.

Lagern

Erste leichte Herbstfröste überstehen Speiserüben gut, und so halten sie draußen erst einmal gut frisch. Ein Schutz durch Stroh oder Vlies ist willkommen, falls es doch einmal noch kälter wird. Kündigt sich der Winter an, sollten Sie die Rüben ziehen und zur weiteren Lagerung einschlagen oder einmieten. Dazu muss das Grün inklusive dem Herz abgeschnitten werden, denn wenn die Rüben wieder austreiben, verlieren sie an Geschmack. In Sand eingeschlagen, halten sie sich einige Wochen.

Kochen mit Speiserüben

Üblicherweise werden Rüben geschält, gewürfelt und in Salzwasser gegart. So kennt man sie als Beilagengemüse zu Fleischgerichten. Einige Menschen, vor allem Kinder, lehnen den leicht bitteren Geschmack ab. Ein bisschen Süße als Kontrast kommt da gerade recht! In der Pfanne karamellisierte kleine Rübchen haben das Zeug zum Gourmetgemüse. Auch in der Kombination mit gebratenen Zwiebeln und gedünsteten Äpfeln schmecken Herbstrüben sehr pikant. Rübchenpüree gewinnt erheblich, wenn man es mit Butter verfeinert.

Ein traditionelles Rezept aus den Alpen sieht vor, die fein geschnittenen Rüben wie Sauerkraut zu stampfen und milchsauer zu vergären – so sind sie lange haltbar. Dieses recht streng schmeckende »Rübenkraut« wird mit Bauchfleisch oder Speck serviert und gilt als regionale Spezialität.

Rübchen mit Austernpilz und Birne

Zutaten

500 g Herbstrüben
2 Birnen, sie sollten schon etwas weich sein
250 g Austernpilze
4 TL Quittengelee
Butter
Mehl
Salz
Pfeffer

Zubereitung

■ Die Herbstrüben schälen, in ca. 1 cm dicke Scheiben schneiden und in Salzwasser 12 bis 15 Minuten kochen, sie sollen schon beginnen weich zu werden, dürfen aber nicht zerfallen.

■ Die Birnen halbieren, das Kerngehäuse ausschneiden. Die Austernpilze putzen.

■ Die gekochten Rübchenscheiben abtropfen lassen und in dem Mehl wenden. Einen großen Stich Butter in einer großen oder zwei mittleren Pfannen erhitzen und die Birnenhälften mit der Schnittfläche nach unten anbraten, dasselbe mit den Rübchenscheiben und zuletzt den Pilzen machen.

■ Sobald Rüben und Birnen gebräunt sind, alle Zutaten aus der Pfanne nehmen, mit etwas Küchenkrepp überschüssiges Fett abtupfen, Gemüse salzen, pfeffern und mit einem Klacks Quittengelee servieren.

Dies ergibt eine leichte Abendmahlzeit oder eine Vorspeise, dazu empfehle ich Baguettebrot.

Herbstrübchen in Honig-Senf-Soße mit Rindfleischstreifen

Zutaten

600 g Herbstrüben
(oder Teltower Rübchen)
30 g Butter
¼ l Rindsbouillon
(oder gekörnte Brühe)
1 TL Honig
Pfeffer
2 TL mittelscharfer Senf
Mehl
500 g feine Rindfleischstreifen

Zubereitung

■ Die Rüben schälen und in mundgerechte Stücke schneiden, diese in einer hohen Pfanne oder einem Topf in der Butter anbräunen. Mit der Rinderbouillon ablöschen, den Honig einrühren, etwas pfeffern und 15 Minuten köcheln lassen.

■ Das Rindfleisch (lassen Sie sich beim Metzger z. B. dünne Steaks aus der Hüfte schneiden, die Sie zu Hause zu feinen Streifen weiterverarbeiten) in Mehl wälzen, alles Überschüssige abschütteln, einige Minuten stehen lassen.

■ Den Senf mit einer halben Tasse Wasser verquirlen, einen gehäuften TL Mehl unterrühren. Das weiche Rübengemüse aus der Pfanne nehmen und die Flüssigkeit mit der Mehl-Senf-Mischung andicken – am besten geht das mit einem Schneebesen. Abschmecken, ob noch gesalzen werden muss, und das Gemüse wieder in die Pfanne geben.

■ In einer weiteren Pfanne Rapsöl oder Palmin erhitzen und die Rindfleischstreifen in zwei Etappen darin kurz von allen Seiten anbraten. Zusammen mit dem Rübengemüse servieren.

Dazu passen Salzkartoffeln, wer es gehaltvoller mag, reicht Bratkartoffeln.

Spinat

Spinat *(Spinacea oleracea)* kann man in milden Gegenden auch im Winter ernten, sonst kann er bis spät in den Herbst und wieder zeitig im Frühjahr frisch aus dem Garten geholt werden.

Anbau im Garten

Spinat ist eine ideale Nach- oder Vorkultur. Für die Herbsternte sät man am besten im August. Für die Ernte im Frühjahr kann man entweder im September säen oder aber ab Ende Februar bis April. Bei Kahlfrost mit Vlies schützen!

Spinat ist anspruchslos und kommt auch mit einem halbschattigen Platz zurecht. Zwischen den Reihen sollte der Abstand 20 bis 25 cm betragen, in der Reihe sollten Sie die Pflanzen auf 10 cm verziehen – ausgezogene Jungpflänzchen sind besonders zart und können als Salat verwendet werden. Spinat hat einen mittleren Nährstoffbedarf. Eine Kaligabe zu Beginn des Wachstums erhöht den Ertrag und macht die Blätter widerstandsfähiger gegen Krankheiten. Gehen Sie aber sparsam mit Stickstoff um, damit der Nitratgehalt der Spinatblätter nicht zu hoch wird.

Sorten

Achten Sie bei der Auswahl einer Spinatsorte darauf, für welche Jahreszeit sie geeignet ist (siehe Samentütchen).

'Matador' ist eine alte, bewährte Sorte für den Anbau im Herbst und im Frühjahr sowie für die Überwinterung. Er ist robust, wüchsig und wohlschmeckend. Lässt man die Pflanzen im Frühjahr blühen, kann man leicht selbst Saatgut gewinnen.

'Gamma' ist eine dunkelblättrige Sorte, die ebenfalls wie 'Matador' spät in Blüte geht.

Ernten

Spinat ist jederzeit essbar und kann nach Bedarf geerntet werden. Allerdings sollten seit der letzten Düngung drei Wochen vergangen sein, da Spinat zur Nitratanreicherung neigt. Ernten Sie am besten nachmittags, dann haben die Pflanzen durch Lichteinwirkung das meiste Nitrat abgebaut. Es ist möglich, zunächst nur die äußeren Blätter zu ernten und das Herz stehen zu lassen, aus dem neue Blätter austreiben – allerdings ist das recht mühsam.

Lagern

Spinat kann man allenfalls zwei, drei Tage im Kühlschrank aufbewahren, wenn man ihn in ein feuchtes Tuch wickelt. Auf dem Beet hält er am besten frisch.

Kochen mit Spinat

Zugegeben, tiefgefrorener Spinat ist preisgünstig und spart viel Arbeit. Aber frisch geernteter Blattspinat ist ein Genuss, mit dem die Tiefkühlware nicht konkurrieren kann. Lassen Sie sich vom Volumen der Blätter nicht täuschen, sondern wiegen Sie den Spinat aus – als Beilage werden etwa 200 g pro Person berechnet. Am besten schmeckt der Spinat, wenn Sie ihn in ein wenig Öl oder Butter ohne weiteres Wasser dünsten, dabei müssen Sie öfter einmal umrühren, damit er nicht anbrennt.

Die im Spinat enthaltene Oxalsäure ist für das raue Gefühl im Mund verantwortlich ist, das sich beim Verzehr einstellt. Dagegen hilft die Zubereitung zusammen mit Milchprodukten. Rahmspinat ist ein bekannter Klassiker. Anders als bei der Fertigware aus der Truhe, für die auch gröbere Bestandteile püriert verwendet werden, haben Sie es in der Hand, die besten Blätter auszulesen – ein selbst zubereiteter Blattspinat mit Sahne und Muskat wird damit zu einem kulinarischen Erlebnis.

Spinat eignet sich auch sehr gut als Belag auf Pizzen (statt Tomate, obendrauf Mozzarella) sowie als Füllung für Lasagne, Cannelloni oder auch Blätterteigröllchen. Dabei harmoniert er gut mit Feta bzw. Schaf- oder Ziegenkäse.

Anders als viele Menschen glauben, können Spinatgerichte wieder aufgewärmt werden, wenn man sie zuvor rasch heruntergekühlt und auch kalt gestellt hat. Lässt man zubereiteten Spinat jedoch langsam bei Zimmertemperatur abkühlen und so einige Stunden stehen, beginnen Bakterien damit, das enthaltene Nitrat in gesundheitsschädliches Nitrit umzuwandeln – dann sollte man ihn in der Tat nicht mehr verzehren.

Spinatsuppe mit Joghurt

Zutaten
  500 g Spinat
  1 mittelgroße Zwiebel
  Knoblauch
  2 EL Pflanzenöl
  100 g Rundkornreis (Milchreis)
  500 g Joghurt (10 %)
  Muskat
  Pfeffer
  Salz

Zubereitung
■ Den Spinat putzen und klein schneiden. Die Zwiebel und ein paar Knoblauchzehen (Menge nach Geschmack) schälen und fein hacken, in etwas Pflanzenöl anbraten, den fein geschnittenen Spinat dazugeben und mit anderthalb Liter Wasser auffüllen.
■ Den Reis einstreuen und 1 TL Salz dazugeben, alles zusammen 20 Minuten köcheln lassen. Mit etwas Pfeffer und einer Prise Muskat abschmecken, bei Bedarf nachsalzen. Auf Tellern anrichten und einen Klacks Joghurt in die Mitte geben.

■ Sofern frische Pfefferminze vorhanden ist, schmeckt sie darübergestreut sehr lecker!

Die Suppe kann gut vorweg gegessen werden. Soll sie als Hauptgericht verzehrt werden, sollten Sie noch Brot dazu reichen.

Spinatauflauf mit Polenta

Zutaten
  200 g Blitzpolenta
  800 g geputzter Spinat (ca. 1 kg Rohware)
  2 Zwiebeln
  3 Knoblauchzehen
  200 g Tulum-Käse
  (ersatzweise krümeliger Fetakäse)
  Pfeffer
  Salz
  Margarine oder Öl

Zubereitung
■ Eine Auflaufform fetten. Polenta nach Anweisung in 400 ml leicht gesalzenem Wasser kochen und dann in die Form geben. Die Polenta ist sehr klebrig und recht fest, man kann sie am besten mit der Rückseite eines Esslöffels, den man immer wieder in Wasser taucht, in die Form streichen
■ Beim Spinat die Strünke entfernen, die Zwiebeln würfeln und in etwas Öl anbraten, den Spinat dazugeben, rühren, Deckel drauflassen, bis der Spinat zusammengefallen ist. Falls sich Wasser am Topfboden gebildet hat, dieses abgießen. Drei Knoblauchzehen auspressen, mit dem Spinat vermengen, pfeffern, salzen und die Masse auf der Polenta verteilen. Den Tulum-Käse darüberkrümeln wie Kuchenstreusel.
■ 20 Minuten bei 180 bis 200 °C auf mittlerer Schiene backen. Wenn der Käse braun wird, ist das Essen fertig.

Sprouting Broccoli

Der in England weitverbreitete Sprouting Broccoli oder Winterbrokkoli *(Brassica oleracea* subsp. *oleracea* var. *italica)* übersteht milde Winter auch auf dem Kontinent und lässt sich dann je nach klimatischer Lage zwischen März bis Mai beernten.

Anbau

Winterbrokkoli wird Anfang Juni in Töpfen oder aufs Anzuchtbeet ausgesät und Anfang August auf den endgültigen Platz auf dem Beet verpflanzt. Der Abstand zwischen den Jungpflanzen sollte dabei 60 cm betragen.

Der Brokkoli schätzt gut gedüngten Boden zur Pflanzzeit, eine zweite Düngergabe kann noch einmal Ende August erfolgen. Bei trockener Witterung muss er regelmäßig gegossen werden, um Wachstumsstockungen zu vermeiden. Mulchen mit organischem Material wie z. B.

Rasenschnitt oder Brennnesselblättern erfüllt einen doppelten Zweck, es hält die Bodenfeuchtigkeit und bringt Stickstoff mit sich. Regelmäßiges Hacken zwischen den Reihen und leichtes Anhäufeln der Pflanzen verbessern die Ernte. Bei starkem Frost sollten Sie die Pflanzen mit zwei Lagen Vlies abdecken.

Sorten

Brokkoli gibt es als Calabrese und als Sprouting-Kohl – nur letzterer ist zum Überwintern geeignet. Er bildet anders als der kopfbildende Calabrese von vornherein viele kleine Blütenstände aus, die sich nach und nach beernten lassen. Vom Sprouting-Kohl gibt es etliche Sorten, die in einem einigermaßen milden Klima auch überwintert werden können und dann ab März für eine frühe Ernte sorgen.

'Sprouting Extra Early Rudolph' ist eine sehr frühe Sorte mit langen Trieben und violetten Blumen, er kann von März bis April geerntet werden.

'Sprouting Early White Eye' trägt cremeweiße Blüten an langen, schlanken Trieben, die zart und wohlschmeckend sind. Bezogen werden kann Sprouting Broccoli über Spezialitäten-Versender und über britische Saatgutproduzenten wie Thompson & Morgan.

Ernten

Der Erntezeitpunkt beim Sprouting Broccoli ist abhängig davon, wie hart der Winter war. In milden Jahren wachsen die Pflanzen über den Winter weiter und können ab März beernten werden – dazu schneidet man die Blütenstände mitsamt Stiel an der Blattachsel ab. Über vier bis sechs Wochen, manchmal auch länger, wachsen neue Blüten nach, die geschnitten werden müssen, bevor sie ganz aufblühen.

Lagern

Sprouting Broccoli muss kurz vor der Blüte geschnitten werden und lässt sich leider nur kurz im Kühlschrank frisch halten, eine Alternative ist Einfrieren.

Kochen mit Sprouting Broccoli

Sprouting Broccoli hat sehr zarte Stiele und erinnert mich vom Geschmack her an Grünspargel. Man kocht ihn in Salzwasser etwa 10 bis 15 Minuten und achtet darauf, dass die Blütenstände nicht zerfallen. Einfach nur mit zerlassener Butter angerichtet, ist er eine Delikatesse. Auf der Pizza oder in einem Auflauf macht sich der Sprouting Broccoli auch sehr gut.

Die zarten jungen Blätter kann man ebenfalls verwenden, sie passen in eine bunte Gemüsesuppe oder können in etwas Olivenöl und Knoblauch wie Spinat zubereitet werden. So geben sie eine tolle Beilage z.B. zu Lammfleisch oder auch zu Fischgerichten ab.

Sprouting Broccoli mit Mozzarella überzogen

Zutaten

500 g Sprouting Broccoli
2 TL Butter
1 Mozzarella
Weißer Pfeffer, Salz

Zubereitung

■ Den Brokkoli in sprudelnd kochendem Salzwasser ca. 10 Minuten garen – die Röschen sollten noch nicht zerfallen, die Stiele aber schon weich werden. Abtropfen lassen und in eine Auflaufform legen.
■ Die Butter auf dem warmen Gemüse schmelzen lassen, pfeffern und mit dünnen Mozzarella-Scheiben belegen. Unter dem Backofengrill den Käse knapp anbräunen.

Das Rezept lässt sich auch mit normalem Brokkoli variieren. Wir essen es gerne als leichte Vorspeise.

Steckrübe

Der Steckrübe *(Brassica napus* subsp. *napobrassica)* haftet leider immer noch ein »Schlechte-Zeiten-Image« an, denn in den Kriegs- und Notjahren des 20. Jahrhunderts gab es manchmal wochenlang kaum etwas anderes, und spätestens im Mai hing wirklich jedem das gesunde Wintergemüse zum Hals heraus. Mittlerweile aber haben sogar Spitzenköche die süß-herben Rüben für sich entdeckt.

Anbau im Garten

Die Kultur von Steckrüben ist einfach. Sie eignen sich gut als Nachfrucht von Hülsenfrüchten, Kartoffeln oder Zwiebeln. Die Ansprüche an den Boden sind gering, am besten gefällt ihnen Lehm. Sie können Ende Mai bis Mitte Juni in Töpfen oder auf einem Anzuchtbeet vorgezogen und Ende Juli auf das endgültige Beet

verpflanzt werden. Wenn es mal etwas später wird, nehmen sie es auch nicht sonderlich übel. Wichtig ist, dass Sie die Rüben nicht zu tief setzen, das stört ihre weitere Entwicklung. Der richtige Abstand zwischen den Reihen und in den Reihen liegt bei 40 cm.

Ihr Nährstoffbedarf liegt im mittleren Bereich, sie mögen humosen Boden, weshalb ihnen Kompostdüngung gut tut. Solange die Pflanzen klein sind, müssen sie feucht gehalten werden, später halten sie auch trockene Zeiten gut aus.

Sorten

Es sind nur wenige Sorten im Handel: Die bekannteste Sorte ist 'Wilhelmsburger' mit orangegelben Rüben und einem intensiven Geschmack. Etwas gelblicher ist

'Hoffmanns Gelbe'. Weiße Sorten können geschmacklich nicht mit den gelben Sorten mithalten. Für die Lagerung sind die beiden genannten Steckrübensorten gleichermaßen geeignet.

Ernten

Sobald Ihnen die Rüben groß genug erscheinen, können Sie sie ernten. Lockern Sie dazu den Boden ein wenig mit der Grabegabel. Die jungen zarten Rüben schmecken auch schon im Herbst. Durch Frosteinwirkung wird der Geschmack süßer und intensiver. Steckrüben können Temperaturen bis etwa –6 °C aushalten und deshalb in milden Gegenden den ganzen Winter über direkt vom Beet geerntet werden.

Lagern

Sind längere Frostphasen oder Temperaturen unter –6 °C zu erwarten, sollten Sie die Rüben besser ernten.

Sind diese gesund, halten sie sich mehrere Monate. Drehen Sie das Blattwerk ab und lagern Sie die Rüben an einem kühlen, dunklen Ort – ideal sind eine Erdmiete oder eine vergrabene Waschmaschinentrommel. Aber auch die Garage oder der Kellerfußboden sind geeignet. Decken Sie dann einen Jutesack oder Ähnliches über die Rüben, damit sie kein Licht bekommen und damit die Verdunstung gering bleibt.

Kochen mit Steckrüben

Jüngere Rüben können Sie mit dem Sparschäler schälen, bei älteren Exemplaren ist ein scharfes Messer angesagt. Unansehnliche Stellen werden großzügig weggeschnitten, die restliche Rübe bleibt gut brauchbar. Dank ihres süßlichen und zugleich bitter-herben Geschmacks eignet sie sich sowohl für deftige Gerichte mit geräuchertem Fleisch, Speck und Wurst wie für feinere und leichtere Zubereitungsweisen. Sie harmoniert sehr gut mit Zwiebeln und mit gebratenen Äpfeln.

Vegetarischer Steckrübeneintopf

Zutaten

1 kg Steckrüben
500 g Möhren
500 g Zwiebeln
150 g Graupen
gekörnte Gemüsebrühe
1 EL Thymian
Rapsöl
Schmand
Schnittlauch

Zubereitung

■ Das Gemüse putzen, in mundgerechte Stück schneiden und in einem Schuss Rapsöl ein wenig anbräunen, mit einem Liter Wasser ablöschen. Wenn das Wasser kocht, die Brühe einstreuen, den Thymian und die Graupen dazugeben und mit geschlossenem Deckel 20 bis 25 Minuten leise köcheln lassen.
■ Kurz vor dem Servieren den Schnittlauch fein schneiden und zusammen mit dem Schmand zur Selbstbedienung auf dem Tisch bereitstellen.

Steckrübenpüree

Zutaten

1 kg Steckrüben
Butter, Salz

Zubereitung

■ Für ein Steckrübenpürre als Beilage kocht man die Rüben, in Würfel geschnitten, in Salzwasser weich, gießt das Kochwasser ab und püriert das Gemüse mit einem Stich Butter.

Das Püree gibt eine tolle Beilage zu Fleischgerichten und vor allem zu Bratwurst. Probieren Sie auch einmal gebratene Apfelscheiben mit gebräunten Zwiebeln dazu – einfach lecker!

Steckrübeneintopf mit Aprikosen

Zutaten

1 kg Steckrüben
500 g Möhren
4 mittelgroße Zwiebeln
200 g getrocknete Aprikosen
4 Stück Kohlwurst (alternativ Krakauer oder Kabanossi)
½ TL Fenchelsaat
½ TL Kümmel
(Stern-)Anis
Kurkuma
Pflanzenöl, Salz

Zubereitung

■ Das Gemüse putzen und in Würfel bzw. Stücke schneiden. Etwas Öl in einen Topf geben und die Zwiebeln darin anbraten. Das übrige Gemüse hinzufügen und mit wenig Wasser angießen, sodass der Boden bedeckt ist.
■ Den Fenchel und den Kümmel aufstreuen, ein paar Stücke Sternanis (notfalls normalen Anis) in einen Teebeutel füllen und einhängen. Deckel drauf und 10 Minuten kochen lassen. In der Zeit die Aprikosen (möglichst ungeschwefelte Softaprikosen) in kleine Stücke und die Kohlwurst in Scheiben schneiden.
■ Die Qualität des Gerichtes steht und fällt mit dem Geschmack der Wurst, wählen Sie also eine gute Sorte. Nach 10 Minuten die Aprikosen- und Wurststücke unter das Gemüse rühren, etwas Kurkuma darüberstreuen, das gibt eine appetitliche gelbe Farbe. Noch so lange köcheln lassen, bis die Steckrübenstücke zu zerfallen beginnen, das dauert etwa 10 Minuten. Aufpassen, dass immer ein wenig Flüssigkeit am Boden ist. Mit Salz abschmecken und servieren.

Die Zutaten klingen vielleicht ungewöhnlich, aber sowohl die Süße des Trockenobstes als auch die Gewürze passen gut zum Steckrübengemüse, probieren Sie einfach mal!

Topinambur

Topinambur (*Helianthus tuberosus*) ist wüchsig und absolut winterhart.

Anbauen

Die Ansprüche von Topinambur sind gering. Man legt die Knollen im Frühjahr etwa 10 cm tief in einem Abstand von 50 cm. Bei guter Düngung – auch frischer Mist ist willkommen – wächst er kräftig und bildet im Spätsommer hübsche gelbe Blüten. Halten Sie am Anfang den Boden unkrautfrei, bei längerer Trockenheit wässern Sie ein wenig. Mehr müssen Sie nicht tun. Da Topinambur selbst aus einzelnen Wurzelstückchen wieder austreibt, pflanzen ihn manche Gärtner lieber in große Kübel, um ihn besser unter Kontrolle zu haben.

Sorten

Es gibt helle cremefarbene, beigebraune und rötliche Knollen, die mehr oder weniger glatt sind. Winterhart sind sie alle. 'Bianca' hat annähernd weiße Knollen, die Pflanzen werden mittelhoch. 'Gigant' besticht durch sehr große helle Knollen und reift recht früh. Die Sorte blüht allerdings nur wenig. 'Gute Gelbe' hat eine gelbe, eher glatte Schale und sehr gute Speise-Eigenschaften.

Ernten

Ab Oktober können Sie den Topinambur jederzeit nach Bedarf ernten, solange der Boden frostfrei ist. Man gräbt dazu die Knollen mit der Grabegabel aus. Wenn Sie nicht alle Wurzelteile dabei erwischen, kommt der Topinambur im Folgejahr wieder.

Lagern

Die Knollen bleiben draußen im Garten frisch und knackig. Wenn jedoch Wühlmäuse in der Nähe sind, ist es besser, den Topinambur im Herbst auszugraben und die Knollen in feuchten Sand eingeschlagen zu lagern, dazu eignen sich sowohl ein kühler Keller wie die Garage oder der Schuppen. Ein weiterer Vorteil ist, dass Sie dann auch bei Frost Zugriff haben.

Kochen mit Topinambur

Topinambur muss für den Verzehr nicht unbedingt geschält werden, es reicht, ihn kräftig abzubürsten. Er kann roh geknabbert oder in Rohkostsalat gerieben werden. Roh schmeckt er süßlich und etwas nussartig. Gegart verändert sich der Geschmack und ähnelt dem der Schwarzwurzel oder Haferwurzel. Man kann ihn in Mischgemüse geben, als einfache Beilage, z. B. anstelle von Kartoffeln, reichen oder aber auch zu Bratlingen verarbeiten → Möhrenbratlinge.

Topinambur-Mandel-Rohkost

Zutaten

300 g Topinambur
300 Äpfel
100 g Mandelstifte, geröstet
150 ml Schlagsahne
abgeriebene Zitronenschale
Zimt, Salz

Zubereitung

■ Den Topinambur und die Äpfel schälen und grob raspeln. Mit der Sahne, einer kleinen Menge abgeriebener Zitronenschale und einer Prise Zimt vermengen und leicht salzen. Am Ende mit den gerösteten Mandelstiften überstreuen.

Diese schnell zubereitete Rohkost schmeckt mild und süß – Kinder mögen sie meist gern.

Weißkohl

Weißkohl (*Brassica oleracea* subsp. *oleracea* convar. *capitata*) ist sehr gesund und in der Küche vielseitig verwendbar. Er hält bis in den Spätherbst gut auf dem Beet und lässt sich dann unkompliziert einlagern.

Anbauen

Weißkohl für die Ernte im Spätherbst wird Ende April oder Anfang Mai direkt ins Beet gesät. Sie können aber auch zunächst Jungpflanzen in Töpfen vorziehen oder kaufen und im Juni an ihren endgültigen Platz versetzen. Der Abstand zwischen den Reihen und in den Reihen sollte jeweils 60 cm betragen. Kohl schätzt schwere, lehmige Böden. Wenn Sie eher sandigen Boden haben, müssen Sie auf ausreichende Feuchtigkeit und gute Düngung achten. Kohl ist ein Starkzehrer und mag es, wenn im Vorjahr Stallmist untergraben wurde. Er schätzt es auch, mit reichlich Kompost und Hornspänen versorgt zu werden, und verträgt auch mineralischen Dünger gut. Der späteste Düngetermin ist Ende August. Sie sollten regelmäßig hacken, vor allem, wenn Ihr Kohl auf lehmigem Boden wächst.

Sorten

Für die späte Herbsternte und zum Einlagern sind eine ganze Reihe spezieller Sorten gezüchtet worden. 'Braunschweiger' ist eine Herbstsorte, die gut für Sauerkraut und zum Einlagern geeignet ist.

'Filderkraut' heißt eine regional vor allem im Stuttgarter Raum verbreitete, spitzkegelige Sorte mit zarten Blättern, sehr gute Eignung für Sauerkraut und auch für Salat, gut lagerfähig.

'Kilaton' F_1 ist eine Züchtung, die resistent gegen Kohlhernie ist und entsprechend auch dort angebaut werden kann, wo schon häufiger Kohl gestanden hat. Gut lagerfähig, auch für Sauerkraut geeignet.

Ernten

Ernten Sie Ihren Kohl nach Bedarf im Herbst. Kürzere leichte Frostphasen übersteht er gut auf dem Beet. Wenn der Wetterbericht jedoch länger anhaltenden und stärkeren Frost ankündigt, ist es Zeit, die Kohlköpfe einzulagern. Dazu gräbt man sie mitsamt den Wurzeln aus und schüttelt die anhaftende Erde ab.

Lagern

Kontrollieren Sie jeden Kohlkopf auf Schädlingsbefall und Krankheiten – ist er absolut gesund, so wickeln Sie eine Schnur um den Strunk und hängen ihn kopfüber in einem kühlen, frostfreien Raum auf. Das geht in einem kühlen Keller, aber auch in der Garage oder Gartenlaube. Sie können den Weißkohl auch in einer Gemüsemiete oder im frostsicheren Frühbeet einschlagen, dabei zeigt das Wurzelwerk nach oben.

Schließlich ist es auch möglich, das Wurzelwerk und die äußersten Blätter zu entfernen und den Kohlkopf im Regal in einem kühlen Raum zu lagern. Lassen Sie dabei alle äußeren Blätter dran, die nur unansehnlich, aber nicht krank aussehen, denn sie schützen den Kohl vor Verdunstung und halten ihn damit besser frisch. Vor der Zubereitung werden sie entfernt. Eine klassische Konservierungsmethode ist die Herstellung von Sauerkraut.

Kochen mit Weißkohl

Weißkohl gilt vielen als sehr profan. In schweren Zeiten hat das Vitamin-C-haltige Lagergemüse unseren Vorfahren dabei geholfen, den Winter zu überstehen. Es ist aber eine Frage der Zubereitung, ob das gesunde Gemüse derb oder fein schmeckt. Die inneren, zarten Blätter ergeben, in Salzwasser gedünstet und mit einem Stich Butter serviert, durchaus eine feine Gemüsebeilage.

Ich finde aber, dass etwas deftigere Kost durchaus zum Winter passt. Weißkohl ist eine klassische Zutat von Eintöpfen in diversen Nationalrezepten, fast immer wird er kombiniert mit fettem geräuchertem Fleisch oder Wurst. Solche Gerichte schmecken aufgewärmt oft besser als frisch zubereitet. Da wir heute aber kaum noch schwere körperliche Arbeit verrichten, sollten wir den Bauchspeck mit Rücksicht auf unsere Gesundheit doch durch fettärmeres aromatisches Fleisch wie z. B. Kasseler ersetzen.

In Polen ist Bigos eine Art Nationalgericht. Nach Deutschland haben Vertriebene aus Schlesien und Spätaussiedler diesen Eintopf mitgenommen. Es gibt etwa so viele Rezepte dafür, wie es Köche gibt. Ich koche gerne eine etwas leichtere Variante, wobei die Fleischsorten variabel sind. Beim Fleisch nehme ich lieber Rinder- statt Schweinegulasch, aber in Polen ist Schweinfleisch üblich. Wer körperlich arbeitet oder keine Angst vor Kalorien hat, kann für dieses Rezept auch richtig fettes Fleisch verwenden, denn Fett ist bekanntlich ein guter Geschmacksträger. Bigos schmeckt am besten, wenn es über Nacht durchziehen kann.

Vor allem in Süd- und Osteuropa wird Krautsalat als Beilage zu kurz gebratenem Fleisch sehr geschätzt. Diesen Klassiker kann man gut mit roten Paprika oder schwarzen Oliven variieren.

Übrigens, Kohl »duftet« in der Küche dann besonders stark, wenn er stickstoffbetont gedüngt wurde. Wenn Sie ihn selbst anbauen, haben Sie es in der Hand und können mit einer eher knappen Düngung dafür sorgen, dass der Geruch beim Kochen nicht so stark wird.

Und noch ein kleiner Tipp: Frisch gepresster Kohlsaft wird als Hausmittel bei übersäuertem Magen empfohlen. Und wer regelmäßig ein kleines Gläschen Sauerkrautsaft trinkt, bringt damit seine Verdauung in Schwung und soll so Darmkrebs vorbeugen.

Kohlsuppe mit Seefisch

Zutaten
500 g Weißkohl
300 g Kartoffeln
3 Zwiebeln
500 g Filet von einem festfleischigen Seefisch (Rotbarsch, Seelachs o. Ä.)
Pflanzenöl
gekörnte Brühe
2 Lorbeerblätter
3 Wacholderbeeren
Pfeffer
Salz
Saft von einer halben Zitrone
1 TL Zucker
getrockneter Dill oder frische Petersilie

Zubereitung
■ Das Gemüse putzen und in kleine Stücke schneiden. Die Zwiebeln in etwas Pflanzenöl anbräunen und den Kohl und die Kartoffeln dazugeben. Mit einem Liter Wasser ablöschen, mit Lorbeer und Wacholder, der gekörnten Brühe sowie etwas Pfeffer würzen und alles etwa eine halbe Stunde leise köcheln lassen.
■ Dann das in große Würfel geschnittene Fischfilet zur Suppe geben und noch einmal wenige Minuten ziehen lassen, bis der Fisch nicht mehr glasig, aber auch noch nicht zerfallen ist – das dauert je nach Größe der Würfel etwa 5–10 Minuten.
■ Den Zitronensaft mit dem Zucker verrühren und in die Kohlsuppe gießen, getrockneten Dill einstreuen und servieren. Besser noch ist frischer Dill oder aber auch etwas frische Petersilie.

Diese Suppe kann vielfältig variiert werden, manche mögen auch Räucherfisch dazu, ich mag es mit etwas Chili gewürzt. Ein Klacks Crème fraîche passt ebenfalls gut.

Krautsalat

Zutaten

1 kg Weißkohl
2 EL Weißweinessig
6 EL Rapsöl
1 EL Zucker
1 TL Salz
Kümmel
Pfeffer
Knoblauch

Zubereitung

■ Den Weißkohl in sehr feine Streifen schneiden, am besten mit der Küchenmaschine hobeln. Stampfen Sie den geschnittenen Kohl mit einem Fleischklopfer oder der Unterseite einer Flasche ein paar Minuten.

■ Essig, Öl, Salz, Zucker und Pfeffer mit einer halben Tasse Wasser verrühren, eine Knoblauchzehe dazu pressen und die Salatsoße über das Kraut gießen. Nach Geschmack ein bisschen Kümmel dazugeben. In den folgenden Stunden den Krautsalat immer mal wieder durchmengen.

Bigos

Zutaten

1 kg Weißkohl, fein geschnitten

3 kleine Zwiebeln

Margarine zum Anbraten

500 g Gulasch

1 Dose Sauerkraut
(ca. 700 g Abtropfgewicht)

10 Wacholdersamen

1 TL Kümmel oder Kreuzkümmel

100 g Backpflaumen (im Herbst stattdessen
300 g frische Pflaumen)

20 g getrocknete Steinpilze

1 Dose Tomatenmark (etwa 70–80 g)

150 ml trockener Rotwein

500 g Kasseler

2–4 Bockwürste oder Kohlwurst

5 Knoblauchzehen

saure Sahne oder Crème fraîche

Pfeffer

Salz

Zucker

Zubereitung

■ Den Weißkohl von unansehnlichen Blättern befreien und in sehr feine Streifen schneiden. Die Zwiebeln schälen und in grobe Stücke schneiden.

■ Die Margarine in einem großen Topf erhitzen, das Gulasch und die Zwiebeln darin anbraten.

■ Den Weißkohl darüber legen, den (Kreuz-)Kümmel drüberstreuen, den Wacholder dazugeben, Deckel drauf und alles erst einmal garen lassen. Ab und an nachsehen, ob noch Flüssigkeit im Topf ist, und gegebenenfalls etwas Wasser dazugießen.

■ Die Pilze in handwarmem Wasser einweichen. Nachdem der Kohl eine halbe Stunde gekocht hat, das Sauerkraut sowie die klein geschnittenen Pilze, die Pflaumen und das Tomatenmark dazugeben. Mit dem Rotwein ablöschen und alles gut durchrühren. Das Kasseler oben auf das Gemüse legen.

■ Eine Stunde lang köcheln lassen, währenddessen ab und zu durchrühren und kontrollieren, dass genug Flüssigkeit im Topf ist und nichts ansetzt. Nach 60 Minuten das Kasseler rausnehmen, den Knochen entfernen und das Fleisch in Würfel schneiden.

■ Die Wurst wird in Scheiben geschnitten und beides wird untergehoben. Mit Salz, Pfeffer und ein wenig Zucker abschmecken. Dann ruht der Eintopf möglichst bis zum nächsten Tag.

■ Vor dem Verzehr wird der Bigos noch einmal aufgekocht und zwischendurch gerührt. Nun kommen noch die fünf geschälten und ausgepressten Knoblauchzehen dazu. Noch einmal ein paar Minuten ziehen lassen und dann mit einem Klacks saurer Sahne oder Crème fraîche servieren. In Polen isst man Graubrot dazu, es passen aber auch Kartoffeln.

Das Gericht am Vortag zubereiten – das Rezept reicht für 6 bis 8 Personen.

Wirsing

Wirsing *(Brassica oleracea* subsp. *oleracea* convar. *capitata)* kommt gleich auf zweierlei Weise für die Winterküche infrage: als Lagerkohl aus der Herbsternte und als Überwinterungskohl im Frühjahr.

Anbauen

Spätestens Mitte Juni sollte man den Wirsing für die Ernte im Spätherbst gepflanzt haben, bei größeren Mengen lohnt die Selbstaussaat Anfang Mai, ansonsten kaufen Sie Jungpflanzen in der Gärtnerei. Der Abstand in der Reihe und zwischen den Reihen sollte jeweils 50 cm betragen.

Kohl liebt generell eher lehmigen Boden, ist der Sandanteil zu hoch, bleiben die Pflanzen mickrig. Als Starkzehrer schätzt Wirsing es, wenn einige Wochen vor der Pflanzung Stallmist untergegraben wurde. Wenn dieser nicht vorhanden ist, düngen Sie am besten mit Kompost und Hornspänen. Kohl wächst bei kräftigen Stickstoffgaben deutlich, aber übertreiben Sie es nicht, denn sonst erhöht sich die Anfälligkeit für Krankheiten. Überdüngte Pflanzen lassen sich zudem schlechter lagern. Der letzte Düngetermin ist Ende August. Die Pflanzen danken es, wenn der Boden regelmäßig gehackt wird, in Trockenperioden müssen Sie gießen.

Überwinterungswirsing wird im August gesät und bis spätestens Mitte Oktober gepflanzt. Mit einem Trick können Sie von März bis Mai ernten: Pflanzen Sie zunächst in einem Abstand von 20 cm in der Reihe und zwischen den Reihen. Ernten Sie dann im zeitigen Frühjahr immer jeden zweiten Kopf, sodass die verbliebenen Pflanzen in einem Abstand von 40 × 40 cm stehen.

Bei starkem Frost sollten Sie Wirsing auf dem Beet mit zwei Lagen Vlies abdecken, das gilt auch für die Überwinterungssorte.

Sorten

'Marner Grüfewi' bildet eher lockere Köpfe, ist dafür aber sehr frosthart und kann in milderen Regionen bis zur Ernte auf dem Beet bleiben.

'Winterfürst 2' ist eine sehr spät reifende, gut lagerfähige Sorte, die frostverträglich ist und auch als Überwinterungskohl zur Ernte im Frühjahr verwendet werden kann.

'Adventswirsing' wird Anfang August ausgesät und im September oder Oktober an den endgültigen Platz gepflanzt. Er überwintert draußen und kann im Frühjahr geerntet werden.

Ernten

Wenn Sie in milderen Gegenden leben, wo Sie nicht mit lang anhaltenden Frösten unter −5 °C rechnen müssen, können Sie Ihren Wirsing bis zur Ernte auf dem Beet stehen lassen. Kündigen sich doch tiefere Minusgrade an, ist es sicherer, die Pflanzen mitsamt Strunk und Wurzeln auszugraben und einzulagern.

Lagern

Ein Vorteil ist, dass Sie Wirsingkohl auf mehrerlei Weise lagern können:

Verfügen Sie über einen kühlen Keller oder eine Garage mit Temperaturen um 5 °C, so können Sie den Kohl kopfüber am Strunk aufgehängt einige Wochen lagern. Entfernen Sie dabei nur solche Blätter, die offensichtlich krank sind.

Sie können den Wirsing auch in der Erdmiete einlagern, dabei müssen die Wurzeln nach oben zeigen. Am besten halten die Pflanzen jedoch auf dem Beet frisch.

Kochen mit Wirsing

Die Strünke und derben Außenblätter des Wirsings enthalten viel Nitrat, weshalb sie vor dem Verzehr entfernt werden sollten.

Aus den großen äußeren Blättern des Wirsings lassen sich leckere Kohlrouladen herstellen, blanchieren Sie die Blätter vorher, dann lassen sie sich wickeln, ohne zu reißen. Als Füllung eignet sich Hackfleisch, aber auch Reis mit gebratenen Zwiebeln und Apfelstückchen.

Ein paar fein geschnittene gröbere Wirsingblätter geben einer gemischten Gemüsesuppe ein herzhaftes Aroma. Die hellen inneren Blätter schmecken sehr fein und eignen sich als Gemüsebeilage zu eigentlich jedem Fleisch – dünsten Sie die fein geschnittenen Blätter dazu in Salzwasser weich, geben Sie vor dem Servieren einen Hauch Muskat und einen Stich Butter daran.

Einige Menschen vertragen Kohlgerichte nicht gut. Die Verträglichkeit ist bei selbst angebautem Kohl, der weniger stickstoffbetont gedüngt wurde, oft erheblich besser – probieren Sie es aus! Kümmel hilft, die blähende Wirkung von Kohl zu mäßigen.

Und ein kleiner Tipp: Wenn von den äußeren derben Blättern beim Kochen einige übrig bleiben, kann man sie auch für eine verspielte Tischdekoration verwenden. Schön sehen beispielsweise Teelichter aus, die auf die Blätter drapiert werden.

Wirsing-Gemüse mit Tomate und Feta

Zutaten

½ **Wirsing**
1 **Zwiebel**
500 g **geschälte Tomaten aus der Dose**
400 g **fester Fetakäse**
(möglichst in vier Scheiben)
2–3 **Knoblauchzehen**
Olivenöl
Majoran getrocknet
Salz

Zubereitung

■ Die Zwiebel schälen und würfeln, in Olivenöl anbraten. Den gewaschenen und in Streifen geschnittenen Wirsing dazugeben. Mit wenig Wasser ablöschen und 15 Minuten garen lassen. Die Dosentomaten in mundgroße Stück schneiden und zum Gemüse geben. Mit den ausgepressten Knoblauchzehen, etwas Majoran und Salz abschmecken und noch ein Weilchen ziehen lassen.
■ In der Zwischenzeit den Fetakäse in einer beschichteten Pfanne in Olivenöl anbraten, sodass er leicht bräunt und weich wird. Zusammen mit dem Gemüse servieren.

Dazu schmeckt frisch getoastetes Fladenbrot. Bei großem Hunger passt Reis gut zu dem Gericht.

Wirsing mit Pinienkernen und Ricotta

Zutaten

½ Kopf Wirsing (ca. 600 g geputztes Gemüse)
1 Zwiebel
100 g Pinienkerne (alternativ Mandelstifte)
150 g Ricotta salata (alternativ schnittfester
Schaf- oder Ziegenfeta)
Pfeffer
Thymian
Olivenöl

Zubereitung

■ Den Wirsing putzen und in feine Scheiben schneiden, die Zwiebel schälen und würfeln. Beides zusammen in wenig Olivenöl anbraten. Nachdem das Gemüse leicht gebräunt ist, mit Wasser ablöschen und köcheln lassen – etwa 15 Minuten dauert es, bis der Wirsing weich wird und gerade noch bissfest ist.

■ In der Zwischenzeit die Pinienkerne in einer beschichteten Pfanne leicht rösten. Den Ricotta in Würfel schneiden und in derselben Pfanne bräunen. Das geht nur mit dem schnittfesten Ricotta salata, ein cremiger Ricotta ist nicht geeignet, notfalls geht auch fester Feta.

■ Wenn das Gemüse gar ist, mit Salz, Thymian und Pfeffer abschmecken und mit den Pinienkernen und dem Käse bestreuen.

Wir essen dazu am liebsten Pasta, es schmeckt aber auch zu Baguettebrot. Wenn von den äußeren derben Blättern einige übrig bleiben, kann man sie auch für eine pfiffige Tischdekoration verwenden.

Wirsing-Kartoffel-Auflauf

Zutaten

½ Kopf Wirsing (ca. 600 g geputztes Gemüse)
800 g Kartoffeln (gut sind mehligkochende)
¼ l Vollmilch
4 Eier
250 g Kasseler ohne Knochen
Kümmel
Pflanzenöl
Pfeffer
Salz

Zubereitung

■ Die derben Blätter und den Strunk entfernen, den Kohl in Streifen schneiden. Die Kartoffeln schälen und ebenfalls in Streifen schneiden. Kartoffeln und Kohl in leicht gesalzenem Wasser 15 Minuten garen und abtropfen lassen.

■ Die Milch mit den Eiern, etwas Salz und Pfeffer verrühren. Das Kasseler in Würfel schneiden. Eine Auflaufform fetten und mit einer dünnen Schicht Wirsing und Kartoffeln auslegen, etwas Kümmel darüberstreuen und ein paar Kasselerwürfel gleichmäßig darauf verteilen – dies wiederholen, bis die Zutaten verbraucht sind. Alles mit den verquirlten Eiern übergießen.

■ Der Auflauf muss auf mittlerer Schiene im Backofen bei 180 °C 20 bis 30 Minuten backen. Die Oberfläche sollte leicht gebräunt sein.

Diesen herzhaften Auflauf kann man gut schon einige Stunden vor dem Backen vorbereiten.

Zwiebel

Zwiebeln (*Allium cepa*) und Schalotten (*A. ascalonicum*) werden an trockenen Hochsommertagen geerntet und halten bis weit ins darauffolgende Jahr.

Anbau

Zwiebeln kann man durch Aussaat oder aber durch Steckzwiebeln vermehren, letzteres geht leichter. In milden Lagen kann man bereits im Herbst stecken und erreicht damit eine frühere Ernte, sicherer ist es jedoch, im Frühjahr bei offenem Boden ab März zu beginnen.

Der Abstand zwischen den Reihen beträgt 20 cm, in den Reihen 10 cm. Beim Stecken soll das obere Drittel der Zwiebel aus dem Boden schauen. Kleine Steckzwiebeln bringen einen besseren Ertrag als große.

Zwiebeln mögen Wachstumskonkurrenz nicht, sodass Sie regelmäßig hacken und jäten sollten, wenn Sie zu einem guten Ertrag kommen möchten. Der Nährstoffbedarf ist mittelhoch, eine Düngung mit Brennnesseljauche, Kompost oder einem anderen organischen Dünger im Verlauf der Wachstumszeit genügt. Zwiebeln lieben volle Sonne und müssen bei längerer Trockenheit gewässert werden.

Sorten

Neben der gewöhnlichen braunen (gelben) Küchenzwiebel gibt es noch weiße und rote Sorten. Eine bekannte Variation ist die Gemüsezwiebel, die sehr groß und mild ist, sich auf dem Lager aber nicht lange hält. Eng verwandt ist die feinwürzige Schalotte. Sie ist weitaus besser lagerfähig.

Die dunkelblutrote 'Braunschweiger Zwiebel' ist dekorativ, eher mild und gut lagerfähig. Als Steckzwiebel und als Saatgut erhältlich.

'Stuttgarter Riesen' ist eine weitverbreitete, gelbe Zwiebelsorte mit mittlerer Schärfe, die zuverlässig und unkompliziert im Garten wächst. Die Zwiebeln sind eher flachrund und reifen spät, damit sind sie auch gut lagerfähig. Als Steckzwiebel und als Saatgut erhältlich.

'Sturon' ist eine robuste gelbbraune Sorte, die ebenmäßig runde, festschalige Zwiebeln bildet. Würzig scharf, gut lager fähig. Als Steckzwiebel und als Saatgut erhältlich.

'Golden Gourmet' ist eine gängige, gelbschalige und ertragreiche Schalottensorte.

'Longor' ist eine Schalotte aus Frankreich, die Zwiebeln sind lang gezogen und schmal und damit gut geeignet, um Ringe zu schneiden.

Ernten

Zwiebeln sind erntereif, wenn das Laub welk wird und sich niederlegt. Dies ist bei gesteckten Zwiebeln meist Ende Juli so weit, gesäte Zwiebeln erreichen erst im August oder gar September eine nennenswerte Größe. Man soll das Laub nicht niedertreten, um das Abreifen zu beschleunigen, denn auf diese Weise verbleiben wertvolle Inhaltsstoffe im Grün, die erst beim Einziehen der Zwiebel zugutekommen. Zwiebeln soll man nur bei trockenem Wetter ernten und nach der Ernte noch einige Tage vor Regen geschützt nachreifen lassen. Am besten bindet man die Zwiebeln dazu am trockenen Laub zusammen und hängt sie in einem Unterstand luftig auf.

Lagern

Nur vollkommen trockene Zwiebeln können erfolgreich eingelagert werden. Am besten halten sie luftig aufbewahrt (z. B. in einem Netz oder am Laub zusammengebunden und aufgehängt) an einem trockenen, kühlen Ort wie dem Dachboden. Im Zweifelsfall ist es besser, sie etwas wärmer als zu feucht aufzubewahren. Zwiebeln, die einen dicken Hals gebildet haben, sind nicht lagerfähig und müssen bald verbraucht werden. Schalotten halten in der Regel länger als Zwiebeln, die im Spätwinter damit beginnen auszutreiben. Wenn der Lagerplatz dunkel ist, wird dieser Prozess verlangsamt, aber nicht aufgehalten.

Kochen mit Zwiebeln

Eine gewürfelte und gebräunte Zwiebel bildet die Grundlage vieler aromatischer Suppen und Eintöpfe. Sehr gerne werden gebratene Zwiebelringe zu Fleischgerichten gereicht. Rohe, fein geschnittene Zwiebel passt zu Salaten, zu verschiedenen Fischzubereitungen. Wenn ein etwas dezenterer Geschmack gewünscht ist, bietet sich die feinere Schalotte an. Gegen die tränenden Augen bei der Zubereitung von Zwiebeln hilft es, nur durch den Mund zu atmen.

Zwiebeln und Schalotten dienen aber nicht nur dazu, Gerichte würziger zu machen, sondern können als eigenständiges Gemüse zubereitet werden. Da sie kräftig und leicht süß zugleich schmecken, sind Zwiebelgerichte bei vielen sehr beliebt. Zusammen mit etwas Kümmel sind sie leichter verdaulich.

Balsam-Schalotten

Zutaten
    500 g Schalotten
    5 EL Olivenöl
    Balsamessig
    Pfeffer, Salz

Zubereitung
■ Die Zwiebeln der Länge nach halbieren und beide Seiten jeweils etwa fünf Minuten in heißem Olivenöl braten, sodass sie bräunen, aber nicht zu dunkel werden.
■ Abkühlen lassen, bis sie lauwarm sind, mit einem guten Balsamessig beträufeln, pfeffern und salzen. Schon fertig!

Diese Vorspeise schmeckt auch gut, wenn sie ein wenig durchzieht, sie kann also auch am Vortag zubereitet werden. Eine leckere Ergänzung fürs Buffet oder zu kalten Platten.

Zwiebelkuchen vom Blech

Zutaten

400 g Weißmehl
½ Tüte Trockenhefe
1 TL Salz
1 kg Zwiebeln
200 g Hartkäse (Gouda, Bergkäse o. Ä.)
4 Eier
½ TL Kümmel
½ TL schwarzer Pfeffer
½ TL Majoran
Pflanzenöl

Zubereitung

■ Aus dem Mehl, Salz, Hefe und etwa 220 ml Wasser einen Teig kneten, der nicht mehr an den Händen klebt. Für eine halbe Stunde warm stellen und gehen lassen.
■ In der Zwischenzeit die Zwiebeln schälen und in feine Streifen schneiden, in wenig Öl glasig braten, zur Seite stellen und ein wenig abkühlen lassen. Den Teig auf einem gefetteten Backblech ausrollen. Den Käse reiben und eine Hälfte davon mit den Eiern und der Zwiebelmasse vermengen, die Gewürze hinzufügen und ein wenig salzen, dann auf dem ausgerollten Teig gleichmäßig verteilen. Den restlichen Käse drüberstreuen.
■ Der Zwiebelkuchen backt im mittleren Einschub bei 200 °C etwa 20 bis 25 Minuten. Wenn der Käse leicht gebräunt ist und die Teigränder knusprig sind, dann ist der Kuchen fertig.

In Süddeutschland wird zum Zwiebelkuchen im Herbst gerne »Federweißer« gereicht, das ist ein noch nicht fertig vergorener Traubenmost. Apfelwein bzw. Cidre passen auch sehr gut.

Klassische Zwiebelsuppe

Zutaten

500 g Zwiebeln
1 Stich Butter
gekörnte Gemüsebrühe
4 Scheiben Weißbrot, Toast oder halbe Brötchen
½ Becher Sahne oder ¼ l trockener Weißwein
100 g Hartkäse (Gouda, Bergkäse o. Ä.), gerieben
½ TL Kreuzkümmel
Pfeffer
Salz

Zubereitung

■ Die Zwiebeln in dünne Ringe schneiden. Einen Stich Butter im Topf erhitzen und die Zwiebeln leicht anbraten. Mit einem Liter Wasser ablöschen. Wer mag, gibt ein Glas trockenen Weißwein dazu. Wenn Kinder mitessen oder kein Alkohol erwünscht ist, schmeckt auch Sahne in der Suppe gut. Kreuzkümmel dazugeben und alles eine halbe Stunde kochen. Die Zwiebeln sollten weich sein.
■ Die Suppe in kleine feuerfeste Terrinen füllen, das Brot toasten und je ein Stück oben auf die Suppe legen, mit dem Käse bestreuen. Das Ganze unter dem Backofengrill leicht bräunen.

Wenn Sie keine feuerfesten Suppentassen haben oder keinen Backofengrill, ist das nicht so schlimm! Die Suppe schmeckt auch für sich alleine gut und kann prima abgewandelt werden, beispielsweise indem Sie Würfel von Kasseler hineinschneiden.

Wintergemüse anbauen und lagern – Monat für Monat

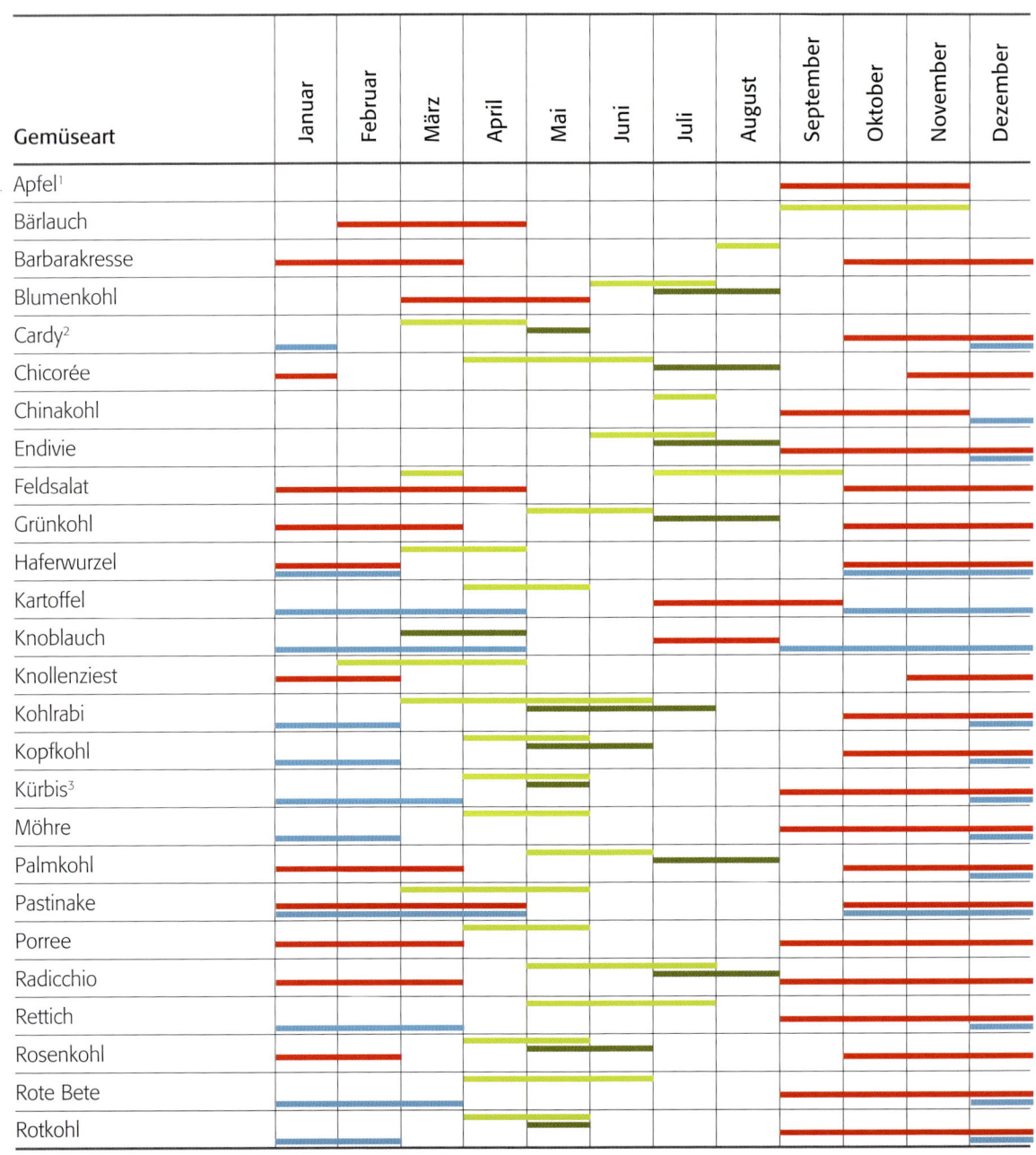

Gemüseart	Januar	Februar	März	April	Mai	Juni	Juli	August	September	Oktober	November	Dezember
Apfel[1]									■	■	■	
Bärlauch		■	■	■					■			
Barbarakresse	■	■	■					■		■	■	■
Blumenkohl						■	■	■				
Cardy[2]	■		■	■	■					■	■	■
Chicorée	■		■	■			■					
Chinakohl							■		■	■	■	■
Endivie							■	■	■	■	■	■
Feldsalat	■	■	■						■	■	■	■
Grünkohl	■	■			■				■	■	■	■
Haferwurzel	■	■	■	■					■	■	■	■
Kartoffel	■	■		■			■		■	■	■	■
Knoblauch	■	■	■	■			■		■	■	■	■
Knollenziest	■	■	■	■							■	■
Kohlrabi			■		■	■	■			■	■	■
Kopfkohl	■			■	■				■	■	■	■
Kürbis[3]	■	■		■	■				■	■	■	■
Möhre	■	■							■	■	■	■
Palmkohl	■	■		■			■	■	■	■	■	■
Pastinake	■	■	■						■	■	■	■
Porree	■	■							■	■	■	■
Radicchio	■	■			■		■		■	■	■	■
Rettich	■	■			■				■	■	■	■
Rosenkohl	■	■		■	■				■	■	■	■
Rote Bete	■	■			■				■	■	■	■
Rotkohl	■	■	■	■	■				■	■	■	■

Gemüseart	Januar	Februar	März	April	Mai	Juni	Juli	August	September	Oktober	November	Dezember
Schwarzwurzel	Haupt-Erntezeit / Lagerzeitraum	Haupt-Erntezeit / Lagerzeitraum		Aussaat						Haupt-Erntezeit	Haupt-Erntezeit	Haupt-Erntezeit / Lagerzeitraum
Sellerie⁴	Lagerzeitraum	Lagerzeitraum / Aussaat	Aussaat	Aussaat	Aussaat			Haupt-Erntezeit	Haupt-Erntezeit	Haupt-Erntezeit	Haupt-Erntezeit	Haupt-Erntezeit / Lagerzeitraum
Speiserübe						Aussaat	Aussaat	Aussaat	Haupt-Erntezeit	Haupt-Erntezeit	Haupt-Erntezeit	Haupt-Erntezeit
Spinat		Aussaat	Aussaat	Haupt-Erntezeit	Haupt-Erntezeit	Haupt-Erntezeit		Aussaat	Aussaat	Aussaat / Haupt-Erntezeit	Haupt-Erntezeit	Haupt-Erntezeit
Sprouting Broccoli		Aussaat	Aussaat	Aussaat	Haupt-Erntezeit	Haupt-Erntezeit	Haupt-Erntezeit / Pflanzung	Pflanzung	Pflanzung / Aussaat	Aussaat		
Steckrübe	Lagerzeitraum	Lagerzeitraum		Aussaat	Aussaat					Haupt-Erntezeit	Haupt-Erntezeit	Haupt-Erntezeit / Lagerzeitraum
Topinambur	Haupt-Erntezeit	Haupt-Erntezeit	Pflanzung	Pflanzung						Haupt-Erntezeit	Haupt-Erntezeit	Haupt-Erntezeit
Weißkohl	Lagerzeitraum	Lagerzeitraum			Aussaat	Pflanzung	Pflanzung			Haupt-Erntezeit	Haupt-Erntezeit	Haupt-Erntezeit / Lagerzeitraum
Wirsing				Aussaat	Pflanzung	Pflanzung	Pflanzung		Pflanzung	Pflanzung / Haupt-Erntezeit	Haupt-Erntezeit	Haupt-Erntezeit
Zwiebel	Lagerzeitraum	Lagerzeitraum	Aussaat / Pflanzung	Pflanzung			Haupt-Erntezeit	Haupt-Erntezeit	Lagerzeitraum	Lagerzeitraum	Lagerzeitraum	Lagerzeitraum

Legende:
- Aussaat
- Pflanzung
- Haupt-Erntezeit
- Lagerzeitraum

Der Anbaukalender bezieht sich nur auf die Kultur von Gemüse zur Herbst- und Winterernte sowie zum Einlagern. Manche Gemüsearten gibt es auch in Sorten für den früheren Anbau, dann gelten andere Aussaat- und Pflanztermine! Ausgewiesen wird der bei durchschnittlichem mitteleuropäischem Klima beste Zeitraum, je nach Region und aktueller Wetterlage können sich Änderungen ergeben. Bei einigen Gemüsearten bedingt der erste stärkere Bodenfrost den letzten Erntetermin. Beachten Sie bitte die vom Hersteller genannten Empfehlungen auf dem Saatguttütchen, viele Sorten sind auf bestimmte Aussaattermine hin optimiert. Die Lagerzeiten sind ebenfalls abhängig von den individuellen Gegebenheiten und können sowohl nach oben wie nach unten abweichen.

1 Apfelbäume können als Containerware jederzeit gepflanzt werden
2 Geschützt anziehen, nach Eisheiligen auspflanzen
3 Nach Eisheiligen auspflanzen oder draußen säen
4 Geschützt anziehen, nach Eisheiligen auspflanzen

Adressen, die Ihnen weiterhelfen

Saatgut

Bingenheimer Saatgut AG
Kronstraße 24–26
61209 Echzell-Bingenheim
Tel.: 06035/18990
www.bingenheimersaatgut.de
(ökologisch produziertes Gemüse-
saatgut für samenfeste, regional
angepasste Sorten)

Biolandhof Ellenberg
Ebstorfer Straße 2
29576 Barum
www.kartoffelvielfalt.de
(umfassendes Angebot an
Saatkartoffeln)

Carl Sperling & Co.
Saatzucht
Hamburger Straße 35
21339 Lüneburg
www.sperli.de
(Vertrieb von Saatgut über den
Fachhandel als Sperli-Samen)

Dreschflegel Versand
In der Aue 31
37213 Witzenhausen
Tel.: 05542/502744
www.dreschflegel-shop.de
(biologisches Saatgut, alte
Kultursorten)

Flora Frey
Postfach 160147
42621 Solingen
Tel.: 0212/25700
www.florafrey.de
(Gemüse- und Kräutersaatgut)

N. L. Chrestensen
Erfurter Samen- und
Pflanzenzucht GmbH
Witterdaer Weg 6
99092 Erfurt
Tel.: 0361/22450
www.chrestensen.de

Samen Frese
Kreuzstr. 15
49124 Georgsmarienhütte
Tel.: 05401/4660230
www.samen-frese.de
(sehr große Auswahl verschiedener
Hersteller)

Vertriebsgesellschaft Quedlinburger
Saatgut mbH
Dieselstraße 1
06449 Aschersleben
Tel.: 03473/840666
www.quedlinburger-saatgut.de

Österreich
Arche Noah
Gesellschaft zur Erhaltung der
Kulturpflanzenvielfalt und deren
Entwicklung
Obere Straße 40
A-3553 Schloß Schiltern
www.arche-noah.at
(alte Gemüsesorten)

Bio Furtner
Hauptstraße 5
A-3031 Rekawinkel
www.biofurtner.com
(Versand von Saatgut,
Pflanzenpflegeprogramm)

Schweiz
Andermatt Biogarten AG
Stahlermatten 6
CH-6146 Grossdietwil
www.biogarten.ch
(Bio-Saatgut, Nützlinge,
Pflanzenschutz)

KCB-Samen
Postfach 450
CH-4003 Basel
Tel.: +41 (0) 61/2712467
www.kcb-samen.ch
(mehr als 700 Sorten
Kürbissaatgut)

Samen Mauser
Eric Schweizer AG
Industriestraße 24
Postfach
CH-8404 Winterthur
Tel.: + 41 (0) 52/2342525
www.samen-mauser.ch

International
Thompson & Morgan
Poplar Lane
Ipswich
Suffolk
England, IP8 3BU
Tel.: +44 (0) 1473/695225
www.thompson-morgan.com
(große Vielfalt, hier finden Sie Sor-
ten, die Sie sonst selten sehen)

Zubehör für den Gemüseanbau

dm-folien
Hans-Böckler-Str. 21
72770 Reutlingen
Tel.: 07121/91180
www.dm-folien-com
(Vliese und Folien in fast allen
erdenkbaren Maßen, Profi-Produkte
auch für den Hobbygärtner)

W. Neudorff
An der Mühle 3
31860 Emmerthal
Tel.: 05155/6240
www.neudorff.de
(Dünge- und Pflanzenschutzmittel
sowie Nützlinge für Biogärten)

Informative Webseiten über Gemüse

www.bio-gaertner.de
Der »Bio-Gärtner« bietet seit vielen
Jahren die wohl umfangreichste
deutschsprachige Seite zum ökologischen Gärtnern im Netz.

www.garten-pur.de
(Im größten und informativsten deutschsprachigen Gartenforum tragen viele Gärtnerinnen und Gärtner ihre Erfahrungen zusammen, es gibt jeweils ein umfassendes Unterforum zum Gemüseanbau und zum Thema »Gartenküche«.)

www.gemuese-info.de
(Die Autorin dieses Buches unterhält eine Webseite, auf der etwa 50 Gemüsearten vorgestellt werden. Im dazugehörigen Blog gibt es ständig neue Informationen über Gemüse im Garten und in der Küche.)

www.lwg.bayern.de
(Vielfältige Profiinformationen auch zum Gemüseanbau im Garten erhalten Sie auf den Seiten der Bayerischen Landesanstalt für Weinbau und Gartenbau.)

Rezepte zu allen nur erdenklichen Anlässen findet man auf der Webseite www.chefkoch.de – dazu gibt es vielen Infos rund ums Kochen.

Literaturempfehlungen

Becker-Dillingen, Josef: Handbuch des gesamten Gemüsebaues einschließlich der Küchenkräuter. Paul Parey, Berlin/Hamburg 1956.
(Leider nur noch antiquarisch erhältlich. Dieses Buch ist bis heute ein Klassiker mit umfassenden Informationen zum konventionellen Gemüseanbau.)

Dusy, Tanja: Winterküche. Voller Wärme, Kraft und Sinnlichkeit. Gräfe und Unzer Verlag, München 2011.
(Ein Buch, das so richtig Lust auf Kochen und Genießen im Winter macht.)

Heistinger, Andrea /Arche Noah: Handbuch Bio-Gemüse. Sortenvielfalt für den eigenen Garten. Löwenzahn, Innsbruck 2010.
(Im Zentrum des Buches stehen Sortenvielfalt und ökologische Anbauweise, die Beispiele beziehen sich größtenteils auf den Alpenraum.)

Kreuter, Marie Luise: Der Biogarten, BLV Buchverlag, München 2009.
(Das Standardwerk informiert über alles, was man beim ökologischen Gärtnern wissen muss.)

Meyer-Rebentisch, Karen: Das Gemüsebuch. Sorten, Anbau, Küchentipps. BLV Buchverlag, München 2012.
(Umfangreiche Informationen rund ums Gemüse im Garten und in der Küche, darunter auch Wissenswertes über die Kulturgeschichte und den gesundheitlichen Nutzen.)

Steinberger, Katrin: Alte Gemüse – neuer Geschmack. Sorten, Geschichte, Rezepte. BLV Buchverlag, München 2012.
(Das Buch macht Lust darauf, auch mit nicht ganz gängigen Sorten im Gemüsegarten zu experimentieren.)

Stichwortverzeichnis

Über die Autorin

Die Journalistin **Dr. Karen Meyer-Rebentisch** schreibt Ratgeber und Sachbücher übers Gärtnern und zu historischen Themen. Als begeisterte Gemüsegärtnerin und Fotografin betreibt sie seit einigen Jahren eine erfolgreiche Webpage zum Thema Gemüse, deren Inhalte auch als App verfügbar sind.

Weitere Informationen unter: www.gemuese-info.de

Impressum

Bibliografische Information der Deutschen Nationalbibliothek

Die Deutsche Nationalbibliothek verzeichnet diese Publikation in der Deutschen Nationalbibliografie; detaillierte bibliografische Daten sind im Internet über http://dnb.d-nb.de abrufbar.

BLV Buchverlag GmbH & Co. KG

80797 München

© 2012 BLV Buchverlag GmbH & Co. KG, München

Bildnachweis
Alle Fotos von Dr. Karen Meyer-Rebentisch, außer: Florapress: S. 124, 136; Janicek, Heidi: S. 17; Rebentisch, Manfred: S. 106, 159

Umschlagkonzeption: Kochan & Partner, München
Umschlagfotos: Getty images/Maxime Adcock (Vorderseite); Dr. Karen Meyer-Rebentisch (Rückseite)

Programmleitung Garten: Dr. Thomas Hagen
Konzeption, Lektorat: Sandra-Mareike Kreß
Textlektorat: Elisabeth Kögel
Herstellung: Ruth Bost
Satz: Uhl + Massopust GmbH, Aalen

Gedruckt auf chlorfrei gebleichtem Papier

Printed in Italy
ISBN 978-3-8354-1015-2

Hinweis
Das vorliegende Buch wurde sorgfältig erarbeitet. Dennoch erfolgen alle Angaben ohne Gewähr. Weder Autorin noch Verlag können für eventuelle Nachteile oder Schäden, die aus den im Buch vorgestellten Informationen resultieren, eine Haftung übernehmen.

Traditionelle und regionaltypische Sorten neu entdecken

Bärbel Steinberger/Katrin Schumann
Alte Gemüse – neuer Geschmack!
Über 60 historische Gemüsesorten in Porträts mit Bezugsquellen · Geschichte,
typische Eigenschaften und Erhaltung der Sorten · Tipps zu Anbau, Ernte und
Lagerung aller Gemüse · Verwendungsmöglichkeiten in der Küche und tolle
Rezepte zum Nachkochen.
ISBN 978-3-8354-0822-7